गांधी-दर्शन
आलोचनात्मक अध्ययन
[गांधीवाद के विभिन्न पक्ष और उनकी प्रासंगिकता]

गांधी-दर्शन
आलोचनात्मक अध्ययन

[गांधीवाद के विभिन्न पक्ष और उनकी प्रासंगिकता]

हेमंत कुकरेती

राधाकृष्ण प्रकाशन

ISBN : 978-81-8361-942-4

गांधी-दर्शन : आलोचनात्मक अध्ययन

पहला संस्करण : 2020

मूल्य : ₹400

प्रकाशक

राधाकृष्ण प्रकाशन प्राइवेट लिमिटेड

जी-17, जगतपुरी, दिल्ली-110 051

शाखाएँ : अशोक राजपथ, साइंस कॉलेज के सामने, पटना-800 006

पहली मंजिल, दरबारी बिल्डिंग, महात्मा गांधी मार्ग, इलाहाबाद-211 001

36 ए, शेक्सपियर सरणी, कोलकाता-700 017

वेबसाइट : www.radhakrishnaprakashan.com

ई-मेल : info@radhakrishnaprakashan.com

मुद्रक

बी.के. ऑफसेट

नवीन शाहदरा, दिल्ली-110 032

GANDHI-DARSHAN

Alochnatmak Adhyayan

Criticism by Hemant Kukreti

स्व. अनुपम मिश्र की स्मृति को
सादर

किताब की कैफियत

इस किताब की शुरुआती परिकल्पना एक लम्बे निबन्ध के रूप में की गई थी। जिसमें गांधी का समाज-दर्शन, उनके आध्यात्मिक-सांस्कृतिक विचार, गांधी की दृष्टि में राजनीति तथा राम-राज्य की कल्पना पर टिका उनका राष्ट्रवाद और ग्रामोद्योग एवं स्वदेशी पर आधारित गांधीवादी अर्थ-दर्शन जैसे पक्षों के विश्लेषण के बारे में सोचा गया था लेकिन गांधी के विराट व्यक्तित्व की तरह उनके विचारों का संक्षिप्त अध्ययन भी इससे कम पृष्ठों पर सम्भव नहीं हो सकता था!

यह काम करते हुए कुछ धुंधलके साफ होते गए। तसवीर भले ही पूरे तरीके से नहीं बदली लेकिन उसे देखने के नजरिये में बदलाव आया। यह समझ में आया कि आप गांधी से शत-प्रतिशत सहमत नहीं हो पाए लेकिन उनके यहाँ आधुनिक भारतीय मनुष्य से जुड़े सवालों के जो समाधान हैं, एक बेहतर विकल्प मिलने तक आपको काफी हद तक संतुष्ट कर सकते हैं।

यह किताब लिखते हुए, सामग्री जुटाते हुए मन में गहरा द्वन्द्व था लेकिन समाप्त होते-होते, मुझे कहने दीजिए—आध्यात्मिक राहत महसूस हो रही है। इसका प्रस्तुत प्रारूप पाठ्य-पुस्तक जैसा है। हालाँकि शोधपरक आलोचना के दायरे में यह किताब अनिवार्य तौर

पर जाती है। अगर इसमें गांधी-दर्शन के अध्येता और छात्र कुछ पाते हैं या यह कार्य उनके मन में गांधी को लेकर सवाल उपजाता है या उनकी जिज्ञासा को उभारता है तो मैं यह कह सकता हूँ कि मैं सफल हुआ हूँ।

सहृदय पाठकों, विद्वान आलोचकों और प्रिय विद्यार्थियों की टिप्पणियों की प्रतीक्षा रहेगी।

—हेमंत कुकरेती
hemantkukreti65@gmail.com

क्रम

गांधीवाद : दर्शन या जीवन-शैली

मोहनदास करमचन्द गांधी से महात्मा गांधी (1869-1948) तक का सफरनामा किसी एक व्यक्ति की जीवनगाथा नहीं है। यह भारतीय उपमहाद्वीप की आध्यात्मिक, सांस्कृतिक, राजनीतिक और सामाजिक विकास-यात्रा है। गांधी बुनियादी तौर पर लेखक न होकर सामाजिक चिन्तक थे। लेकिन उनका लिखा हुआ ही नहीं, कहा हुआ लगभग हर शब्द किसी परम्परित या पेशेवर लेखक से ज्यादा असरदार है। विपुल गांधी-वाङ्मय इसका प्रमाण है। गांधी ने सायास तरीके से किसी बात को प्रस्तावित नहीं किया, फिर भी उनके समसामयिक सामान्य विचारों से व्यावहारिक दर्शन की निष्पत्ति हुई और गांधीवाद अस्तित्व में आया। समकालीन समय की आवश्यकता की दृष्टि से गांधी के विचारों की पुनर्व्याख्या का सिलसिला आज तक जारी है। गांधी के राजनीतिक विचारों की परिभाषा का अपना महत्त्व है; परन्तु उनके आर्थिक, सांस्कृतिक, बौद्धिक, धार्मिक और अन्य मौलिक विचारों और उन विचारों की भावी पीढ़ियों को मिली विरासत अमूल्य है। अनुकरणीय है। इस पर उचित और सन्तुलित विचार हो तो भारतीय जीवन को संतोषजनक दिशा में आगे बढ़ने में सहायता होगी। गांधी के जीवन-सिद्धान्त और व्यवहार को लेकर अनेक तरह के मिश्रित विचार व्यक्त किये जाते हैं। प्रसिद्ध मराठी चिन्तक अमोल पेडणेकर के अनुसार, 'इन सिद्धान्तों और व्यवहारों को ही लोग 'गांधीवाद' कहते हैं। लेकिन जब 'गांधीवाद', 'गांधीज्म' जैसे शब्द किसी व्यक्तित्व और उसके कर्तृव्य से जोड़े जाते हैं तब ये शब्द 'निरर्थक' बन जाते हैं। इस तरह गांधी जी के विचार विभिन्न

'वादों' से जोड़े जाते हैं। गांधी जी के समग्र जीवन पर गौर करें तो उनके सन्दर्भ में 'वाद', 'इज्म' जैसे शब्द उचित नहीं लगते। मुझे लगता है कि हमें इसे 'गांधी-मार्ग' कहना चाहिए। इस अर्थ में ही गांधी जी के समग्र जीवन की ओर देखना उचित होगा। उनके सम्पूर्ण विचारों और कार्य की नींव अहिंसा के नैसर्गिक और शाश्वत मूल्य पर आधारित है। इसीलिए हमने 'वाद', 'इज्म' जैसे शब्द आरोपित न करते हुए उनके विचारों को 'गांधी-मार्ग' के रूप में स्वीकार किया है।' यह मार्ग गांधी के संघर्षशील जीवन से उपजे निजी अनुभवों और व्यावहारिकता से निकली दिशा है। जटिल समय की सही समझ है।

अपने समय के घात-प्रतिघात से विकसित हुई गांधी की समझ ने एक शती से भारतीय सोच को प्रभावित किया हुआ है। गांधी ने समाज और प्रशासन के साथ-साथ निजी जीवन के सम्बन्ध में जो सोचा; शब्दबद्ध होते ही उसने अनायास ही विचारों का रूप ले लिया इसीलिए गांधीवाद शास्त्रीय किस्म का अध्ययन या व्यवस्थित दर्शन-पद्धति नहीं है; फिर भी वह कई पीढ़ियों को रास्ता दिखाता रहा है। इस सन्दर्भ में पूर्व अमेरिकी राष्ट्रपति बराक ओबामा का कथन उल्लेखनीय है। अमेरिकी राष्ट्रपति के रूप में भारत-यात्रा पर आने पर उन्होंने संसद को सम्बोधित करते हुए कहा कि 'यदि गांधी न होते तो अमेरिका के राष्ट्रपति के रूप में मैं आज यहाँ खड़ा नहीं होता। गांधी जी महान नेता थे और उनका मेरे जीवन पर बहुत प्रभाव है।' बराक ओबामा का यह वक्तव्य गांधी-दर्शन के सन्दर्भ में विश्व के समक्ष उनकी भावनाएँ प्रकट करता है। दो वर्ष पूर्व लंदन के पार्लमेंट चौराहे पर चर्चिल की प्रतिमा के निकट गांधी जी की प्रतिमा स्थापित की गई। गांधी जी ऐसे पहले भारतीय व्यक्ति हैं, जो किसी सरकारी पद पर न रहते हुए भी यह सम्मान पा चुके हैं। इस अवसर पर तत्कालीन ब्रिटिश प्रधानमंत्री कैमरान ने कहा कि 'इस ऐतिहासिक चौराहे पर गांधी जी की प्रतिमा स्थापित कर हम इस महान नेता का सम्मान कर रहे हैं। गांधी जी की सीख आज भी विश्व को प्रेरणा देनेवाली है। गांधी जी के उपदेशों में विश्व को उबारनेवाली बहुत बड़ी ऊर्जा मौजूद है। उनकी यह प्रतिमा इसीका प्रतीक है।' गांधी-दर्शन ने दुनियाभर के दिशाहीनों को रास्ता दिखाया है। इस सन्दर्भ में अमोल पेडणेकर भी इसी निष्कर्ष तक पहुँचते हैं कि गांधीवाद किताबी नहीं, निजी अनुभवों पर आधारित है इसीलिए उसकी अपनी तर्क-पद्धति है। यह ऐसी वैचारिक भावधारा है जिसके केन्द्र में मनुष्य की उपस्थिति एवं आत्माभिव्यक्ति है। उसमें आध्यात्मिकता का एक स्पष्ट पहलू है लेकिन कोई वैचारिक जकड़बन्दी नहीं है।

गांधीवाद : दर्शन या जीवन-शैली

गांधी के विचारों को अध्ययन की सुविधा से वर्ण-व्यवस्था, अहिंसा, सत्याग्रह, अपरिग्रह इत्यादि अवधारणाओं में बाँटकर देख सकते हैं, इनके केन्द्र में सर्वोदय है।

वर्ण-व्यवस्था के सन्दर्भ में गांधी ने जो विचार दिये हैं, वे वर्तमान दलित विचारकों के प्रतिपक्ष में पड़ते हैं। गांधी यह तो देख लेते हैं कि दलित आगे बढ़ने की होड़ में पिछड़ गए हैं लेकिन वे वर्ण-व्यवस्था को बनाये रखने के पक्ष में भी हाथ उठाते हैं। यह भी उनकी नजर से ओझल नहीं होता कि दलितों को मजदूरी में उचित हिस्सा नहीं मिलता। फिर भी गांधी 'आनुवंशिक संस्कारों से लाभ उठानेवाली शिक्षण-योजना का प्रस्ताव' करते हैं। दलित विचारकों को लगता है कि इस सोच से ब्राह्मण-वर्ण और ब्राह्मणवादी व्यवस्था को फायदा पहुँचता है और दलित लाभ से वंचित रह जाते हैं। इस सन्दर्भ में प्रसिद्ध विचारक और न्यायाधीश चंद्रशेखर धर्माधिकारी गांधी द्वारा सम्पन्न रक्तपात-रहित कृतियों का महत्त्व रेखांकित करते हुए कहते हैं कि आज हम जिस दौर से गुजर रहे हैं, उसमें गांधी-विचार क्रान्ति का साधन बन सकता है क्या? यह हमारे सामने एक यक्ष प्रश्न है। क्रान्ति का अंकगणित नहीं होता, उसके प्रतीक होते हैं। चरखा, झाड़ू, सामुदायिक प्रार्थना—ये गांधी के समाज-परिवर्तन तथा क्रान्ति के प्रतीक थे। गांधी जी ने कहा था कि 'चरखा यह मेरे विधायक कार्य के सौर-मंडल का सूर्य है।' हमें यह जान लेना चाहिए कि गांधी के पूर्व भी इस देश में चरखा था। सन् 1714 में बंगाल में अकाल पड़ा। उस समय टी.एच. कोलब्रुक नामक अंग्रेज अफसर ने चरखे को, किसानों को अतिरिक्त यानी पूरक धंधा देने के लिए, प्रचलित किया ताकि किसानों की बदहाली कुछ हद तक कम हो सके। तब तक शायद खुद गांधी भी चरखे के बारे में जानते नहीं थे। लेकिन कोलब्रुक के चरखे और गांधी के चरखे में फर्क है। गांधी के चरखे के साथ 'स्वदेशी' की भावना जुड़ी थी, और 'विदेशी' वस्त्र का बहिष्कार भी उसी भावना का परिणाम था। मौलाना मुहम्मद अली ने तो यहाँ तक कहा था कि 'गांधी का चरखा दुनिया की सबसे अद्वितीय 'तोप' है जिसका गोला छह हजार मील मैनचेस्टर में जाकर गिरा और तकली इंग्लैंड के सिर पर जा बरसी।' गांधी ने चरखा और तकली, यानी खादी को 'स्वदेशी और स्वावलम्बन' के साथ ही हृदय-परिवर्तन, समाज-परिवर्तन तथा सन्दर्भ-परिवर्तन का प्रतीक माना। क्रान्ति की प्रक्रिया में प्रतीक दो तरह के होते हैं : एक, 'चित्रात्मक', यानी सिम्बॉलिक और दूसरा, 'क्रियात्मक'। क्रियात्मक प्रतीक आचरण में शरीक होता है। चरखे में शारीरिक श्रम की प्रतिष्ठा भी अभिप्रेत है। यही अहिंसक कार्यक्रम की कसौटी है। निष्ठा से चरखे पर सूत कातनेवाला और जीविका के लिए जो खादी उत्पादन करता है—इन

दोनों में हार्दिक अपनापन का निर्माण हो, यह हृदय-परिवर्तन की प्रक्रिया भी इसमें निहित थी। 'कातें सो पहने, पहने सो कातें'—यह सिर्फ नारा या घोषवाक्य नहीं है, यह विचार और आचार-प्रणाली है। उत्पादक परिश्रम की प्रतिष्ठा सांस्कृतिक और आध्यात्मिक कार्यक्रम का एक हिस्सा है। स्वदेशी सिर्फ वस्तु नहीं होती, वह एक वृत्ति, आत्मविश्वास और आत्मविकास की भूमिका बनाती है। भारत के लोगों का चतुर्दिक विकास हो, इसलिए क्या करना चाहिए, यह प्रश्न आज भी उपस्थित है। स्वदेशी वृत्ति सार्वत्रिक और प्रतिष्ठित हो, यह आज भी जरूरी है।

'चरखा' आर्थिक स्वावलम्बन और आर्थिक विषमता समाप्त करने का प्रतीक है। वह वर्ग-निराकरण या वर्ग-समन्वय का भी प्रतीक है। झाड़ू सामाजिक विषमता और जातिभेद समाप्ति का प्रतीक है। 'ब्राह्मण' और सफाई कामगार यानी 'वाल्मीकि'—यह जातिभेद तथा वर्गभेद समाप्त करने का 'झाड़ू-साधन' माना गया। सिर्फ गंदगी साफ करनेवाला कोई न हो। गंदगी साफ करने का औजार ब्राह्मण या सवर्ण भी अपने हाथ में लें, तो दूसरी ओर मजूदर का औजार, जिसका प्रतीक चरखा है, वह मालिक अपने हाथ में लें—यह आर्थिक और सामाजिक विषमता समाप्त करने के लिए जरूरी है, ऐसा गांधी जी मानते थे। 'झाड़ू' ब्राह्मण के हाथ और 'गीता' वाल्मीकि—सफाई मजदूर के हाथ। यह क्रान्ति की पहल थी। जात-पाँत पर आधारित ऊँच-नीच-भावना तथा आर्थिक विषमता समाप्त करने के लिए गांधी ने झाड़ू और चरखे को प्रतीक माना और सामुदायिक प्रार्थना को मानवनिष्ठ भारतीयता प्रस्थापित करने का साधन तथा प्रतीक माना, जिसमें परस्पर भलाई के लिए प्रार्थना करना निहित है। भिन्न जाति, धर्म, सम्प्रदाय, भिन्न भाषिक, प्रादेशिक समुदाय, एक भाव और समान भाव से रहे, और उसके लिए परस्पर भलाई के लिए प्रार्थना करे, यही तो मानवनिष्ठ भारतीयता का प्रतीक है। 'गांधी जी द्वारा घोषित विधायक कार्यक्रमों की और विधायक संस्था की यही भूमिका थी।' स्पष्ट है कि यह बड़ी भूमिका थी।

विधायक कार्यक्रमों द्वारा या विधायक कार्य करनेवाली संस्था द्वारा, सन्दर्भ परिवर्तन सम्पत्ति के बाबत जो भूमिका है यानी स्वामित्व के बाबत जो लोगों की भूमिका है, उसमें भी परिवर्तन हो और उसके द्वारा या उसीके साथ-साथ मनुष्य का मनुष्य से जो सम्बन्ध है, उसका शुद्धीकरण हो। इसी प्रक्रिया से लोक-शिक्षण भी हो, यह विधायक कार्यक्रम और विधायक कार्य करनेवाली संस्था का अधिष्ठान है। इसी प्रक्रिया में हृदय-परिवर्तन की भूमिका भी निहित है। यह एक अनोखा वैज्ञानिक विचार था। विधायक कार्यक्रम सिर्फ 'कर्मकांड' नहीं है। वैचारिक तथा

मानवीय सम्बन्धों में परिवर्तन का साधन था, और है। शुरू में विधायक कार्यक्रम प्रतिकार और सत्याग्रह की तैयारी का कार्यक्रम माना गया था। आजादी हासिल करने के लिए। इसलिए उसमें 'जोश' था। अब वह 'जोश' या 'आदेश' नहीं है। लेकिन विधायक कार्यक्रम का 'स्वतंत्र' मूल्य है, यह हम भूल रहे हैं। विधायक वृत्ति के सिवाय विधायक कार्य खोखला है। वह सिर्फ 'कर्मकांड' ही बनकर रह जाएगा, यह डर है। सेवा का क्रान्ति से क्या सम्बन्ध है, यह प्रश्न उपस्थित किया जाता है। हमें यह नहीं भूलना चाहिए कि सेवा निरन्तर है। वह क्रान्ति से अधिक व्यापक और मानवीय है। उसके परिणाम भी दीर्घकालीन होते हैं। उसे 'उपकार' का भी कार्य कहा जाता है। लेकिन असल में 'उपकार' का अर्थ है—दूसरे इनसान से नजदीकी स्थापित करना। अंग्रेजी में इसे 'फिलेन-थॉफी' कहते हैं। इस शब्द का मूल अर्थ है—'फालयस' यानी प्रेम, 'अन्थॉस' यानी मनुष्य। मनुष्य के प्रति प्रेम या स्नेह भावना से प्रेरित कार्य है फिलॉन्थ्रोफेस यानी 'उपकार' या 'सेवाकार्य'। वैसे भी विधायक संस्था का अधिष्ठान है, 'सौहार्द' भावना। प्रचलित मूल्यों में परिवर्तन करने के लिए साथियों को जोड़ना पड़ता है। इसे आधार चाहिए इसलिए 'संघटन' की आवश्यकता महसूस की गई। ऐसी संस्था के संघटन में मुख्य है 'मनुष्य'। सांगठनिक सौहार्द की पहलकदमी व्यक्ति करता है—ऐसा व्यक्ति, जो निजी लाभ-हानि के द्वन्द्व-फंद से कतई मुक्त रहता है। श्री धर्माधिकारी गांधी को ऐसे महामानव के रूप में देखते हैं, जिसने अपने तरीके से अपने समय और समाज की समस्याओं के हल सुझाये हैं।

गांधी प्राणिमात्र के कल्याण और विकास के लिए उद्योगों और राजसत्ता का विकेन्द्रीकरण चाहते हैं। इस लक्ष्य की प्राप्ति के लिए वे सेवा, सत्य और अहिंसा जैसे साधनों के आध्यात्मिक उपयोग पर बल देते हैं यानी साध्य (लक्ष्य) और साधन, दोनों की पवित्रता उनका ध्येय है।

गांधी का समाज सर्वोदय पर टिका है। यह एक आदर्शवादी सोच है। असल में गांधी यथार्थ की बजाय आदर्श पर अधिक भरोसा करते हैं। सर्वोदय अर्थात सबकी उन्नति यानी सबको आगे बढ़ने के बराबरी के अवसर। स्पष्ट है कि सत्ता के केन्द्र में बैठे हुए नीति-नियामक प्रभावी तत्त्व और स्वयं सत्ता अपनी ताकत या वर्चस्व कैसे छोड़ सकती है? इस सूरतेहाल में बदलाव के लिए मार्क्सवाद जहाँ सशस्त्र क्रान्ति की बात करता है, गांधी हृदय-परिवर्तन की सीख देते हैं। वे यह तो मानकर चलते हैं कि सत्ता अत्याचारी, अन्यायी और शोषक होती है लेकिन उससे जनसामान्य टकराहट की बात करेगा तो उसे प्राप्ति तो कुछ नहीं होगी

बल्कि रक्तपात और साधनों की तोड़-फोड़ से सबका नुकसान होगा। इसके लिए गांधी अहिंसावादी सत्याग्रही आन्दोलन पर बल देते हैं। उनका मानना है कि इससे ताकतवर का हृदय-परिवर्तन हो जाता है और वह स्वेच्छा से कमजोरों को उनका हक देता है।

व्यक्तिगत धरातल पर गांधी-दर्शन गांधी के ग्यारह संकल्प या व्रत के माध्यम से विकसित हुआ है। वह संक्षेप में इस प्रकार है :

1. **सत्य :** मन, कर्म, वाणी यानी आचरण और व्यवहार में, प्रतिकूल परिस्थितियों में भी, सत्य का पालन करना।
2. **अहिंसा :** मन, कर्म और वचन से किसी भी प्रकार की हिंसा न करना। मन से भी किसी को हानि या चोट पहुँचाने और बुरा करने के विचार या भाव भी न करना अहिंसा है। जब कोई हिंसा का विचार नहीं आएगा तो वे क्रिया रूप में कैसे बदलेंगे? तब वाणी और वचन से हिंसा का प्रश्न ही नहीं उठेगा।
3. **अस्तेय :** अस्तेय यानी चोरी न करना। रिश्वत न लेना। पर-स्वत्वापहार न करना। दूसरों की सम्पत्ति या वस्तु न छीनना।
4. **ब्रह्मचर्य :** ब्रह्म का अर्थ है—ज्ञान और चर्या का अर्थ है—उपासना या साधना। बाल्यावस्था में ज्ञान की साधना की जाती थी, इसलिए इस काल को ब्रह्मचर्य आश्रम की संज्ञा दी जाती थी। इसे इन्द्रिय-संयम या निग्रह यानी इन्द्रियों को वश में करना भी माना जाता है। शिक्षा अर्जित करने के लिए इन्द्रिय-संयम अनिवार्य है।
5. **अपरिग्रह :** जरूरत से ज्यादा वस्तुओं का संग्रह न करना ही अपरिग्रह है।
6. **शारीरिक श्रम :** अपनी मेहनत से जीविका कमाना और दूसरों की मेहनत से अर्जित धन पर ऐश न करना।
7. **अस्वाद :** केवल जीभ के स्वाद के लिए न खाना; शरीर-पोषण और शरीर-धारण के लिए ही भोजन करना।
8. **सर्वत्र भय-वर्जन :** किसी से नहीं डरना और न किसी को डराना।
9. **सर्वधर्म समभाव :** सभी धर्मों का समान रूप से आदर करना। उनमें भेदभाव नहीं करना—यही धर्मगत उदात्तता है। संवेदना, दया, ममता, करुणा आदि मानवीय मूल्य ही धर्म हैं।
10. **स्वदेशी :** अपनों से, अपनी वस्तुओं से प्यार करना सभी प्राणियों का स्वभाव है। मनुष्य खुद से, परिजनों से, समाज से, अपने देश से प्रेम

करता है। यही स्वदेशी प्यार विकसित होकर विश्व-प्रेम में विस्तारित हो जाता है।

11. **स्पर्श-भावना :** प्राचीन हिन्दू धर्म में प्रस्तावित वर्ण-व्यवस्था का जाति-व्यवस्था में बदल जाने के कारण समाज में ऊँच-नीच का, ब्राह्मण-शूद्र का दुर्भाग्यपूर्ण अन्तराल आ गया। कर्म की श्रेष्ठता पर जन्म की श्रेष्ठता हावी हो गई, जो जाति की श्रेष्ठता में बदल गई। छुआछूत की भावना से अस्पर्श्यता की गलित ग्रंथि बन गई। गांधी ने इस ऊँच-नीच की भावना का विरोध किया। 19वीं सदीं में विवेकानन्द ने जातिगत अँधेरे को दूर करने के लिए विवेक का प्रकाश प्रदान किया। गांधी ने जन-अभियानों के माध्यम से अछूतों का उद्धार किया। उन्हें सामाजिक सम्मान दिलाया। गांधी के समकालीन डॉ. भीमराव अम्बेडकर ने भी सामाजिक न्याय के लिए महान कार्य किए। शासन में दलितों की भागीदारी सुनिश्चित करने के लिए उन्होंने संविधान में दस वर्षों के लिए आरक्षण का प्रावधान किया। दुर्भाग्य से अस्पर्श्यता की भावना, जातिगत ऊँच-नीच की भावना से भारतीय समाज आज भी मुक्त नहीं हो सका है। जब तक गैर-बराबरी रहेगी, आरक्षण बना रहेगा। गांधी ने वर्ण-व्यवस्था के दायरे में ही छुआछूत दूर करने के भरसक प्रयत्न किए थे।

गांधी के उपरोक्त ग्यारह संकल्प सत्य और अहिंसा में समाहित किए जा सकते हैं यानी गांधी का विचार-दर्शन सत्य और अहिंसा से शक्ति ग्रहण करता है। वह सत्य को ही ईश्वर मानते हैं। गांधी का ईश्वर तात्त्विक दृष्टि से निराकार है। इसलिए वे सारी सृष्टि में एक तत्त्व की व्याप्ति मानते हैं। ईश्वर, मनुष्य तथा मनुष्येतर प्राणियों में बुनियादी एकता देखकर गांधी कहते हैं : 'जो घटना एक शरीरधारी पर घटती है, उसका समग्र जड़ पदार्थ और उसकी आत्मा पर प्रभाव पड़ता है।' गांधी की नजर में सत्य की स्थिति भी ऐसी ही है। वे सत्य के साक्षात्कार से सम्बुद्धि की प्राप्ति मानते हैं। सम्बुद्धि से सबके प्रति अहिंसा की भावना जाग्रत होती है। अहिंसा और सत्य एक सिक्के के दो पहलू हैं। अहिंसा यानी द्वेष से मुक्त हो जाना और प्रेम की सम-प्राप्ति होना। स्वाभाविक है कि यह प्रेम मतलबपरस्ती, मायामोह और आसक्ति से मुक्त है। अहिंसा से शत्रुता का त्याग और चर-अचर के प्रति प्रेम का भाव प्रमुख है। यही वास्तव में निष्काम भाव है। गांधी के विचार-दर्शन पर हिन्दू विचार-पद्धति की वैष्णव भावना, गीता का कर्मवाद, जैन धर्म का अपरिग्रह और बौद्ध धर्म की अहिंसा जैसी अवधारणाओं का संश्लिष्ट प्रभाव है। अहिंसा के लिए गांधी आत्मशुद्धि को

अनिवार्य मानते हैं और आत्मशुद्धि के लिए अहं के परित्याग पर बल देते हैं। इसके लिए वे भक्ति और तप को साधन मानते हैं। तप के लिए राग-द्वेष से मुक्त होने के साथ-साथ ऐश्वर्य-उपभोग को त्यागने की बात वे करते हैं। इस रास्ते आत्मपीड़न भी आत्मशुद्धि का अंग बन जाता है। जो मनुष्य इस कठिन साधना को साध लेता है, वह आत्म-कल्याण के साथ-साथ समाज को भी आगे ले जाता है।

गांधी-दर्शन में त्याग और तप बीज-भाव हैं जबकि वहाँ आनन्दवादी शैली और भौतिक ऐश्वर्य और भोगवाद का विरोध किया गया है। गांधी का समाजशास्त्र और सांस्कृतिक विवेक इन्हीं अवधारणाओं से टकराकर निर्मित हुआ है। कला, संस्कृति और साहित्य जैसे अनुशासनों में गांधी सत्य और शिव पर जोर देते हैं। सत्य उनके लिए ऐसा कला-मूल्य और मानक है जिसके आधार पर वे कला का मूल्यांकन करते हैं। शिवत्व उनके लिए वास्तविक अर्थों में सबके लिए कल्याण का भाव है। वे सत्य और शिव में ही सुन्दर की स्थिति स्वीकारते हैं या सुन्दर को अस्वीकार करते हैं। यह ध्यान रखना जरूरी है कि गांधी कला या साहित्य के पारखी नहीं थे या कम-से-कम गम्भीर समीक्षक नहीं थे। इसीलिए वे सुन्दर को स्थूल अर्थों में ग्रहण करते हैं। गांधी सुन्दर की स्थिति को मानने से ही इनकार कर देते हैं। असल में गांधी-दर्शन की वैचारिक इमारत की नींव नैतिकतावादी है। यह ध्यान रखना जरूरी है कि गांधी के इन मूल्यों का असर छायावादोत्तर दौर तक विकसित होनेवाली कला और साहित्य समीक्षा पर भी पड़ा है। वहाँ नैतिकतावादी दबाव काफी गहरा है।

गांधी टॉल्स्टॉय और रस्किन के वैचारिक प्रभामंडल के सम्मोहन में बँधे रहे। इसीलिए वे 'कला कला के लिए' जैसे सिद्धान्तों का प्रतिकार नैतिकतावादी नजरिये से करते हैं, न कि मार्क्सवादी दृष्टिकोण से। वे कला को सबके लिए सुलभ होने की बात करते हैं। उनकी दृष्टि में सबको आसानी से समझ में आनेवाली कला ही सर्वोत्तम है। ऐसी कला प्रकृति के नजदीक पहुँच जाती है। स्पष्ट है कि वह सहज और नैसर्गिक होनी चाहिए। गांधी कलाकार से यह अपेक्षा रखते हैं कि वह जनता के प्रति अपनी भूमिका को लेकर सचेत रहे, तभी वह श्रेष्ठ और सार्थक सृजन कर पाएगा। उनकी दृष्टि में अच्छी कला वही है जिसका सबके हित में उपयोग हो सके : 'कला का सम्बन्ध नीति, हितकारिता और उपयोगिता से नहीं है, केवल सौन्दर्य से है—यह कहना सौन्दर्य और कला को न समझने जैसा है। सत्य ही अच्छी से अच्छी कला और श्रेष्ठ सौन्दर्य है और वह नीति, हितकारिता और उपयोगिता से भिन्न नहीं हो सकता।'—व्यक्ति-सम्बन्धी यह उपयोगितावादी दृष्टि आज भी गांधीवादी कलाकारों का मार्गदर्शन करती है। यही कारण है कि गांधी

चित्रकला, गायन और संगीत इत्यादि कलाओं में संगीत को इसी उपयोगितावादी नजरिये से श्रेष्ठ मानते रहे क्योंकि वह 'प्रार्थना और नैतिक उन्नति में सहायक है'। गांधी विशुद्ध कला के बजाय जनसापेक्ष उपयोगितावादी कलाओं के पक्षधर आजीवन रहे। वह किसी भी कला और रचना का मूल्य इस कसौटी पर तय करते रहे कि उसकी बृहद जन-उपयोगिता है या नहीं।

सामाजिक धरातल पर गांधी समानता को केन्द्रीय महत्त्व देते रहे लेकिन उनकी समानता साम्यवादी समानता जैसी नहीं है। समानता स्थापित करने के लिए गांधी मार्क्सवादी तौर-तरीकों का विरोध करते रहे हालाँकि कार्ल मार्क्स की वर्गहीन समाज की अवधारणा के प्रति गांधी का रवैया सकारात्मक दिखाई देता है : 'यह बेशक एक उत्तम आदर्श है और उसके लिए बेशक कोशिश होनी चाहिए लेकिन जब इस आदर्श को हासिल करने के लिए हिंसा का प्रयोग हो तब मेरा रास्ता इससे अलग हो जाता है। हम सब जन्म से ही समान हैं। असमानता या ऊँच-नीच की भावना एक बुराई है परन्तु मैं इस बुराई को मनुष्य और मनुष्य के बीच तलवार के बल पर भगाने में विश्वास नहीं करता।'—गांधी के रामराज्य की अवधारणा मार्क्स के वर्गविहीन समाज जैसी ही है। मार्क्सवाद ऐसे समाज के निर्माण में हिंसा की भूमिका से इनकार नहीं करता जबकि गांधी किसी भी प्रकार की हिंसा का कड़ा विरोध करते हैं।

गांधी लोकतंत्र पर अटूट विश्वास और आस्था रखते हैं लेकिन वे सच्चा प्रजातंत्र बनाने के लिए हिंसा और सजा का विरोध करते हैं : 'कभी भी हिंसा और दंड -शक्ति पर प्रजातंत्र टिका नहीं रह सकता। व्यक्ति के पूर्ण और स्वतंत्र विकास के लिए जनतांत्रिक समाज को परस्पर सहयोग और सद्भाव, प्रेम और विश्वास पर आधारित रहना चाहिए। मानवता का विकास इन्हीं के सिद्धान्तों के आधार पर अब तक हुआ है और आगे भी होगा।'—आपसी सहभागिता और विश्वास के रास्ते अर्जित किया गया लोकतंत्र ही वास्तविक प्रजातंत्र है। गांधी कहते थे कि अहिंसक प्रजातंत्र पर 'किसी प्रकार का बाहरी दबाव हरगिंज नहीं होना चाहिए। यह तो स्वयंस्फूर्त होना चाहिए।' गांधी मानते थे कि प्रजातंत्र सभ्य-शिक्षित समाज की आन्तरिक जरूरत है और उसे पाने के लिए, बनाये रखने के लिए किसी प्रकार का बाहरी नियंत्रण नहीं होना चाहिए।

गांधी विचार-दर्शन में धर्म और अध्यात्म के मूल्य महत्त्वपूर्ण भूमिका निभाते हैं। गांधी ने बार-बार कहा है कि इनसान का जन्म धर्म की साधना के लिए ही होता है। वह अपने जीवन का लक्ष्य भी धर्म की उपासना को घोषित करते हैं : 'मेरा उद्देश्य

धार्मिक है, किन्तु मानवता से एकाकार हुए बिना धर्मपालन का मार्ग नहीं दिखता। इसी कार्य के लिए मैंने राजनीति का क्षेत्र चुना है; क्योंकि इस क्षेत्र में मनुष्य से एकाकार होने की सम्भावना है। मनुष्य की सारी चेष्टाएँ, उसकी सारी प्रवृत्तियाँ एक हैं। समाज और राजनीति से धर्म अलग रखा जाए, यह सम्भव नहीं है। मनुष्य में जो क्रियाशीलता है, वही उसका धर्म भी है। जो धर्म मनुष्य के दैनिक कार्यों से अलग होता है, उससे मेरा परिचय नहीं है।'—गांधी का धर्म मानवता है। राजनीति को भी वे धर्म से इसलिए अलग नहीं मानते क्योंकि राजनीति व्यापक मानवता की सेवा करने का अवसर देती है। गांधी भिन्न-भिन्न धर्मों में कोई बुनियादी अलगाव नहीं देखते। उनकी दृष्टि में वास्तविक धर्म वह है, जो दूसरे धर्म की धार्मिकता को बढ़ावा दें। वह सच्चे मानव को हिन्दू-मुसलमान के खानों में नहीं बाँधते। उन्होंने ईसाई धर्म प्रचारकों को इसीलिए फटकारा था कि वे हर किसी को ईसाई बनाना चाहते हैं : 'तुम हमें नया धर्म सिखाने को इतने आतुर क्यों हो? हमें अच्छा हिन्दू बनाओ, यही यथेष्ट है। नाम के परिवर्तन से हृदय तो परिवर्तित नहीं होता।'—असल में गांधी धर्म के आधार पर किसी को श्रेष्ठ या हीन घोषित नहीं करते। कर्म के आधार पर वे व्यक्ति को सही या गलत कहते हैं। उससे भी आगे बढ़कर वे 'पाप से घृणा करो, पापी से नहीं'—का सूत्र भी देते हैं।

गांधी का असर तमाम भारतीय भाषाओं पर पड़ा है। वे गुजराती-भाषी थे। सरल हिन्दी, जिसे गांधी 'हिन्दुस्तानी' कहते थे—उसे राष्ट्रभाषा या समूचे भारत की सम्पर्क भाषा बनाने के पक्षधर थे। निजभाषा की वकालत परोक्ष रूप से स्वदेशी की भावना से जुड़ी थी। हिन्दी के आधार को मजबूती और व्यापकता देने के लिए गांधी किसी भाषा-विशेष से परहेज किये बिना उनकी शब्दावली का उपयोग हिन्दी में करने के पक्षधर थे। विजय बहादुर सिंह के अनुसार, 'गांधी की यह दृष्टि जितनी विविधतापूर्ण थी, उतनी ही बहुआयामी भी। इस मार्फत वे उस अलगाववाद से भी लड़ना चाहते थे जो सिर उठा रहा था। उस नये राष्ट्र का नवनिर्माण भी करना चाहते थे जो सपनों में था और भाषा उसमें अपनी भूमिका एक समन्वयकारी शक्ति के रूप में निभा सकती थी।

वर्तमान सन्दर्भ में यह एक ऐसी पहल होगी जो केवल हिन्दी और उर्दू को अधिक करीब नहीं लाएगी बल्कि दोनों भाषा-समाजों को भावनात्मक दृष्टि से अधिक करीब लाएगी। इसी तरह तमिल-तेलगू-बांग्ला-गुजराती बोलने वालों को अधिक पास लाएगी। संस्कृत के लोक-प्रचलित शब्द और प्रादेशिक भाषाओं के प्रचलित और जनप्रिय शब्दों को, गढ़े हुए गैर-जरूरी शब्दों की जगह हिन्दी में

लाना अधिक सार्थक और कारगर होगा। जब ऐसा होगा तब धीरे-धीरे गांधी का सपना कारगर होगा।

आज मुख्य सवाल राष्ट्रभाषा का है, हिन्दी का नहीं। हिन्दी अधिकतम आबादी में बोली जाने के कारण अन्यों की तुलना में कहीं ज्यादा योग्य पाई गई है। इसलिए यह हिन्दीवालों का प्रश्न नहीं है। राष्ट्रीय जीवन का प्रश्न है। हमें इसी निगाह से देखना होगा और लचीलापन अपनाना पड़ेगा। यह जरूर ध्यान रखना होगा कि व्याकरण से भी भाषाएँ पहचानी जाती हैं पर शब्दों से उनको व्यापक आधार मिलता है। गांधी जी हिन्दी के इसी व्यापक आधार की बात किया करते थे।'—विजय बहादुर सिंह गांधी की समावेशी भाषा-नीति की ठीक ही पहचान करते हैं।

हिन्दी साहित्य में गांधी के विचार, व्यवहार और व्यक्तित्व की अनेक छवियाँ मौजूद हैं। इस दृष्टि से बड़े साहित्यकारों में प्रेमचंद का नाम लिया जा सकता है। उनके उपन्यासों 'प्रेमाश्रम', 'कर्मभूमि', 'रंगभूमि', 'गबन' और 'नमक का दरोगा', 'समरयात्रा' जैसी कहानियों में गांधीवादी व्यवहार और विचार जीवन्त हो गए हैं। प्रेमचंद ने हृदय-परिवर्तन, सत्याग्रह, आजादी की लड़ाई में सत्य, अहिंसा का शस्त्रों के रूप में प्रयोग, आश्रमों की स्थापना द्वारा मनुष्य के चरित्र में सुधार इत्यादि प्रस्तावित किये हैं। उनके समकालीन और परवर्ती रचनाकारों—विश्म्भर नाथ कौशिक, सुदर्शन, अमृतलाल नागर, भगवतीचरण वर्मा और जैनेन्द्र जैसे रचनाकारों के साथ-साथ मैथिलीशरण गुप्त, सियारामशरण गुप्त, माखनलाल चतुर्वेदी, बालकृष्ण शर्मा 'नवीन', रामनरेश त्रिपाठी, रामधारी सिंह 'दिनकर', सोहनलाल द्विवेदी, भवानीप्रसाद मिश्र, सुमित्रानन्दन पंत और हरिवंश राय बच्चन सरीखे कवियों के साहित्य पर गांधी विचार-दर्शन का गहरा प्रभाव दिखाई देता है।

जीते-जी किंवदंती या निजंधरी नायक बन जानेवाले गांधी के बारे में हरिवंश राय बच्चन कहते हैं :

> एक दिन इतिहास पूछेगा
> कि तुमने जन्म गांधी को दिया था,
> जिस समय अधिकार, शोषण, स्वार्थ
> हो निर्लज्ज, हो नि:शंक, हो निर्द्वन्द्व
> सद्य: जगे, सँभले राष्ट्र में घुन-से लगे
> जर्जर उसे करते रहे थे,
> तुम कहाँ थे? और तुमने क्या किया था?

गांधी होने के क्या निहितार्थ है, इसे दिनकर के शब्दों में देखिए :

गांधी तूफान के पिता
और बाजों के भी बाज थे
क्योंकि वे नीरवता की आवाज थे।

गांधी की सोच और विचार अग्रगामी थे। लोगों ने प्रतिक्रियावादी, दक्षिणपंथी, पोंगापंथी इत्यादि विशेषण उनके साथ चस्पां किए। गांधी विज्ञान-विरोधी नहीं थे :

कौन कहता है कि बापू शत्रु थे विज्ञान के?
वे मनुज से मात्र इतनी बात कहते थे,
रेल, मोटर या कि पुष्पक-यान, चाहे जो रचो, पर,
सोच लो, आखिर तुम्हें जाना कहाँ है।

गांधी मात्र इतना चाहते थे कि विज्ञान का सही दिशा में सदुपयोग होना चाहिए। दिनकर ने ठीक ही कहा कि गांधी देशकाल की संकीर्ण सीमाओं से ऊपर थे :

एक देश में बाँध संकुचित करो न इसको,
गांधी का कर्तव्य-क्षेत्र दिक् नहीं, काल है।
गांधी हैं कल्पना जगत के अगले युग की,
गांधी मानवता का अगला उद्विकास हैं।

गांधी को ठीक से नहीं समझा गया :

वे भावी मानवता के हैं आदर्श एक,
असमर्थ समझने में है उनको वर्तमान,
वर्ना सच्चाई और अहिंसा की प्रतिमा
यह जाती दुनिया
से होकर
लोहू लुहान!

बच्चन की उपरोक्त पंक्तियों का विस्तार दिनकर के यहाँ मिलता है :

बापू! तुमने होम दिया जिसके निमित्त अपने को,
अर्पित सारी भक्ति हमारी उस पवित्र सपने को।
क्षमा, शान्ति, निर्भीक प्रेम को शतशः प्यार हमारा,
उगा गए तुम बीज, सींचने का अधिकार हमारा।

निखिल विश्व के शान्ति-यज्ञ में निर्भय हमीं लगेंगे,
आएगा आकाश हाथ में, सारी रात जगेंगे।

सोहनलाल द्विवेदी गांधी को ऐसा युगपुरुष मानते हैं, जिसके इशारों पर युग करवट बदलता है :

युग बढ़ा तुम्हारी हँसी देख
युग हटा तुम्हारी भृकुटि देख,
तुम अचल मेखला बन भू की
खींचते काल पर अमिट रेख।

हिन्दी की मुक्तक कविता पर गांधी सदी भर से छाए हुए हैं। मुक्तक ही नहीं, उन पर प्रबन्ध भी लिखे गए हैं। हिन्दी नाटक, निबन्ध और कथा साहित्य भी गांधी के प्रभामंडल से दमक रहा है।

स्वराज : गांधी की राष्ट्र-परिकल्पना

मोहनदास करमचंद गांधी के नाम के साथ 'महात्मा' की उपाधि पहले-पहल रवीन्द्रनाथ टैगोर ने लगाई थी। तब से लेकर आज तक न केवल भारत की जनता, बल्कि विदेशियों ने भी उन्हें महात्मा गांधी के नाम से ही जाना और समझा है। 1893 में एक मुकदमे की पैरवी के सिलसिले में गांधी दक्षिण अफ्रीका गए थे। 1893 से 1914 तक उन्होंने वहाँ रंगभेद के विरुद्ध अहिंसक युद्ध लड़ा। 1914 में भारत लौटने के बाद 1947 तक वे भारत के राष्ट्रीय आन्दोलन के रहनुमा, केन्द्रीय चरित्र और विचारक—सभी कुछ रहे। दक्षिण अफ्रीका और भारत—अपनी इन दोनों कर्मस्थलियों पर गांधी ने राजनीतिक आन्दोलन के संचालन के लिए अहिंसा का आश्रय लिया।

गांधी के विचारों को राजनीति विज्ञान, इतिहास, दर्शनशास्त्र, साहित्य और अर्थशास्त्र जैसे अकादमिक अनुशासनों के पाठ्यक्रम में पढ़ाया जाता है। गांधी ने ज्ञान के इन अनुशासनों पर अलग से कोई ग्रंथ नहीं लिखा। वास्तव में, उनका कोई सुस्पष्ट राजनीतिक दर्शन है या नहीं, यह एक विवादास्पद विषय है। स्वयं गांधी ने कहा था कि 'गांधीवाद जैसी कोई चीज नहीं है और मैं अपने पीछे कोई नया सम्प्रदाय या पंथ छोड़कर नहीं जा रहा हूँ। मेरा ऐसा कोई दावा नहीं कि मैंने किसी नये सिद्धान्त का आविष्कार किया है। मैंने प्राचीन सिद्धान्तों को ही नये ढंग से दुहराने की चेष्टा की है।' अपनी आत्मकथा के अलावा गांधी ने जो अन्य पुस्तकें

लिखीं, उनमें 'हिन्द स्वराज्य' और 'दक्षिण अफ्रीका में सत्याग्रह'—इन दो पुस्तकों का ज्यादा महत्त्व है।

इनके अलावा 'यंग इंडिया', 'हरिजन' एवं 'नवजीवन' जैसी पत्रिकाओं में समाज, धर्म, राजनीति और अर्थनीति के विषय में गांधी ने बहुत-से लेख लिखे। ये गांधी द्वारा दी गई शिक्षा और दीक्षा हैं। गांधी की इन शिक्षाओं को 'गांधीवाद' कह दिया जाता है। गांधीवाद की बात हम इसलिए करते हैं, क्योंकि गांधी ने प्राचीन सिद्धान्तों (सत्य, अहिंसा और मानव-सेवा) को एक नया रूप दिया और राजनीतिक क्षेत्र में इनका प्रयोग किया। जो लोग 'भगवान' या 'ईश्वरपरायणता' की बात सुनने को तैयार नहीं, वे भी 'सत्य' की उपेक्षा नहीं करेंगे। इसलिए गांधी ने जब यह कहा कि 'सत्य ही ईश्वर है'—तो हर व्यक्ति या कहें, समूचा भारतीय समाज उनकी ओर आकृष्ट हुआ। वैसे एक उपदेशक से कहीं ज्यादा गांधी एक कर्मयोगी थे। उन्होंने यह सिखाया कि जीवन की सार्थकता जानने में नहीं, करने में है। उन्होंने तो अपनी आत्मकथा का नाम ही 'मेरे सत्य के प्रयोग' रखा था।

प्रसिद्ध फ्रेंच विचारक रोम्यां रोलां ने कहा है कि 'गांधी ने मानवीय राजनीति में पिछले दो हजार वर्षों की महान आध्यात्मिक शक्तियों का समावेशन किया है।' सत्य और अहिंसा के प्रति गांधी का जो अनुराग था, उसी ने उन्हें राजनीति की ओर प्रेरित किया। गांधी के ऊपर न केवल 'गीता' का ही प्रभाव था, बल्कि जैन धर्मग्रंथों से भी उन्हें बड़ी प्रेरणा मिली। बौद्ध धर्म में जो अहिंसा की महिमा गायी गई है, उसे भी गांधी ने ग्रहण किया। ईसा मसीह के उपदेशों का भी गांधी पर यथेष्ट प्रभाव पड़ा। ईसा मसीह ने जो 'नई बाइबल' कही, उससे गांधी को 'निष्क्रिय प्रतिरोध' की शिक्षा मिली। इस प्रक्रिया में सविनय अवज्ञा और सत्याग्रह आन्दोलन सामने आए। गांधी ईसा मसीह से सम्मोहित रहे। उन्होंने ईसा को 'सविनय प्रतिरोधियों का राजकुमार' बतलाया है।

पश्चिमी विचारकों, जैसे—रस्किन, थोरे और टॉल्स्टॉय का भी गांधी के जीवन और विचारों पर गहरा प्रभाव पड़ा है। जॉन रस्किन के ग्रंथ 'ऑन टू दिस लास्ट' ने तो गांधी के जीवन की दिशा ही मोड़ दी। इस ग्रंथ से गांधी इतने प्रभावित थे कि बाद में 'सर्वोदय' नाम से उन्होंने उसका गुजराती में अनुवाद भी किया। आम बोलचाल की भाषा में 'स्वराज' शब्द आजादी को व्यक्त करता है। लोकमान्य तिलक का यह ऐलान—'स्वराज मेरा जन्मसिद्ध अधिकार है और मैं इसे लेकर रहूँगा'—हमारे स्वतंत्रता आन्दोलन का प्रमुख उद्घोष बन गया था। गांधी ने भी यह कहा था कि 'इस समय तो मेरा स्वराज भारत के लिए संसदीय शासन की माँग है, जो सभी

बालिग स्त्री-पुरुषों की अनुमति पर आधारित होगा।' परन्तु इसके बाद अपने सपनों के भारत का चित्र खींचते हुए गांधी ने स्वराज-सम्बन्धी अपनी अवधारणा को बहुत व्यापक बना दिया।

स्वराज का अर्थ : स्वराज की गांधीवादी अवधारणा बहुत व्यापक है, जिसमें कई बातें शामिल हैं। यह आत्मशासन यानी सरकार के नियंत्रण से मुक्ति की बात करती है। ग्राम गणराज्यों का संघ, व्यक्ति के अधिकार और कर्तव्य में सन्तुलन—स्वराज की नींव का आधार है। यह असल में 'गरीबों का स्वराज' है। गांधी ने सर्वोदय अर्थात सभी के मंगल अथवा कल्याण का समर्थन किया है। गांधी के अनुसार, सत्याग्रह 'सच्चे ध्येय की अहिंसक साधनों द्वारा साधना है।' इस प्रकार 'स्वराज' की संकल्पना में गांधी का पूरा दर्शन निहित है। उनका इतिहास-बोध, राजनीति, अर्थनीति एवं समाजिक मूल्यों की समग्र उपस्थिति स्वराज में मिलती है। स्वराज्य के आशय, अर्थ या अभिप्राय कई हैं। स्वराज के कुछ प्रमुख निहितार्थ इस प्रकार हैं :

1. **स्वराज : प्रबुद्ध अराजकता की स्थिति :** राज्य का अस्तित्व 'हिंसा' पर टिका है। गांधी के अनुसार, 'स्वराज' का वास्तविक अर्थ है—'आत्मशासन' यानी सरकार के नियंत्रण से मुक्ति, चाहे वह सरकार स्वदेशी हो या विदेशी। इस प्रकार एक आदर्श समाज वह है जो पूरी तरह स्वयं संचालित हो। उसमें हर व्यक्ति स्वयं अपना शासक होता है और इस तरह कार्य करता है जिससे पड़ोसी या किसी अन्य के जीवन में कोई बाधा उत्पन्न नहीं हो। एक आदर्श समाज में 'कोई राजनीतिक सत्ता नहीं होती, चूँकि उसमें कोई राज्य नहीं होता'। यदि ऐसा समाज कभी बन सका तो उसमें 'सरकार' यानी दंडभय से नियंत्रित करनेवाली किसी संस्था की जरूरत नहीं होगी। गांधी ने उसे 'प्रबुद्ध अराजकता की स्थिति' कहा है। उनके मतानुसार, यही 'रामराज्य' है। टॉल्स्टॉय ने इसी को 'पृथ्वी पर परमेश्वर के राज्य' का नाम दिया था। यह आदर्श समाज पूरी तरह से अहिंसक एवं शान्तिमय होगा। व्यक्ति-व्यक्ति और व्यक्ति एवं सत्ता के सभी झगड़े मिट जाएँगे और इस स्वराज में सब एक परिवार की तरह रहेंगे।
2. **ग्राम-गणराज्यों का संघ :** गांधी कोरे कल्पनावादी नहीं थे। वे यह जानते थे कि पूर्ण अराजक समाज की स्थापना अभी सम्भव नहीं है। राज्य-संस्था को तुरन्त समाप्त नहीं किया जा सकता। रामराज्य की

स्थापना तो बाद में होगी। उससे पहले हमें ग्राम-गणराज्यों की स्थापना करनी होगी। गांधी समझ गए थे कि ग्राम-गणराज्य ही रामराज्य और स्वराज है। गांधी राजसत्ता का ज्यादा से ज्यादा विकेन्द्रीकरण चाहते थे। अभिप्राय यह कि सत्ता सिमटकर एक स्थान पर केन्द्रित न होने पाए, उसे असंख्य ग्राम-समुदायों के बीच बाँट दिया जाए। 'इस प्रकार प्रत्येक गाँव एक पूर्ण गणराज्य होगा। हर गाँव का शासन एक पंचायत द्वारा संचालित होगा। हर गाँव की अपनी अलग विधानसभा होगी और एक अलग कार्यकारिणी एवं न्यायपालिका होगी। ग्राम पंचायतों के ऊपर मंडलों की, उनके ऊपर जिलों की और जिलों के ऊपर प्रान्तों की पंचायतें होंगी। सबसे ऊपर सारे देश के लिए एक केन्द्रीय पंचायत होगी।'—गांधी ने इस व्यवस्था को ग्राम-गणराज्य की संज्ञा दी थी। जहाँ तक सम्भव होगा, हर गाँव अन्न, वस्त्र, आवास, स्वच्छ जल, शिक्षा, चिकित्सा एवं सुरक्षा की व्यवस्था अपने-आप करेगा। प्रत्येक गाँव स्वावलम्बी होगा। ऊपर की पंचायतों का नीचे की पंचायतों के सदस्यों द्वारा अप्रत्यक्ष रीति से चुनाव होगा। उनका कार्य उन मामलों की देखभाल करना होगा जिनके विषय में एक गाँव या एक जिले या एक प्रान्त के लोग दूसरे जिलों एवं प्रान्तों पर निर्भर हैं। 'ग्रामराज्य' पूरी तरह एक अहिंसक व्यवस्था होगी। विनोबा भावे ने कहा था कि 'यदि प्रशासन की बुनियादी इकाई 'गाँव' बन जाए तो दरिद्रता के स्थान पर देश में उत्पादन की प्रचुरता होगी। सब सम्पन्न होंगे तथा राजनीति का मानवीकरण और लोकतंत्र का भारतीयकरण हो जाएगा।'—यह निष्पत्तियाँ गांधी के ग्राम-गणराज्य सम्बन्धी अवधारणा की व्यवस्था से उपजी हैं।

3. **व्यक्ति के अधिकार और कर्तव्य :** गांधी की कल्पनावाले राज्य में 'शासन' या 'कानून' जैसी चीज नाम मात्र को होगी। यह आतंकित या दमन करनेवाली संस्थाएँ न होकर जनकल्याणकारी व्यवस्थाएँ होंगी। ज्यादातर मामलों में लोग अपनी इच्छानुसार कार्य करने को स्वतंत्र होंगे। हर व्यक्ति को धर्मपालन की पूरी आजादी होगी। ईमानदारी से किये गए हर कार्य की कद्र की जाएगी। लोगों को विचार और अभिव्यक्ति की स्वतंत्रता होगी। गांधी के शब्दों में : 'हर व्यक्ति का शरीर अलंघनीय है। किसी पर हाथ तभी डाला जाएगा जब उसे बन्दी बनाना या हिंसा करने से रोकना हो।'—यह अहिंसा का साम्राज्य होगा

> और अहिंसक स्वराज में लोगों के न्यायपूर्ण अधिकारों पर किसी प्रकार का अतिक्रमण नहीं हो सकता। इसमें कोई किसी का शत्रु नहीं होता, सब लिख-पढ़ सकते हैं। बीमारी एवं रोग कम-से कम हो जाएँ, ऐसी व्यवस्था स्वराज में की जाती है।

स्वराज में व्यक्ति के कर्तव्यों के सन्दर्भ में गांधी लिखते हैं : 'अहिंसा पर आधारित स्वराज में लोगों को अपने अधिकारों का ज्ञान नहीं हो तो कोई बात नहीं, लेकिन उन्हें अपने कर्तव्यों का ज्ञान अवश्य होना चाहिए। सच्चे अधिकार तो वे ही हैं, जो अपने कर्तव्यों का पालन करके प्राप्त किये गए हों। नागरिकता के अधिकार सिर्फ उन्हीं को मिल सकते हैं, जो जिस राज्य में रहते हों, राज्य-सेवा करते हों।' —स्पष्ट है कि गांधी की नजर में अधिकारों से अधिक कर्तव्य महत्त्वपूर्ण है। यही किसी नागरिक की पात्रता का नियामक तत्त्व है।

गांधी का स्वदेशी पर आधारित अर्थ-दर्शन

गरीबों का स्वराज सुनिश्चित करनेवाली अर्थ-व्यवस्था गांधी का लक्ष्य थी। अर्थ-व्यवस्था के नजरिये से गांधीवादी स्वराज का अर्थतंत्र वंचितों की स्थिति से तय होता है या अपनी विशिष्ट अर्थनीति नियत करता है। आजादी मिलने के बाद गांधी ने कहा था कि हमें राजनीतिक आजादी तो मिल गई, लेकिन सात लाख गाँवों की दृष्टि से हिन्दुस्तान की सामाजिक, नैतिक और आर्थिक आजादी पाना अभी बाकी है। उसकी कल्पना में स्वराज्य स्थापित कर जनता में सुख-समृद्धि का वातावरण तैयार करना था। स्वराज्य का उनके लिए अर्थ विदेशी शासन से मुक्ति-मात्र नहीं था, बल्कि प्रत्येक प्रकार के शोषण से जनता को मुक्ति दिलाना था। इसलिए उन्होंने भारतीयों का संगठन किया। सार्वजनिक कल्याणकारी योजनाओं का शुभारम्भ किया। उनका मानना था कि बिना आर्थिक स्वावलम्बन के कोई आजादी अर्थ नहीं रखती है। कहा गया है—सभी आजादी आर्थिक आजादी के बिना कपोल-कल्पना हैं। स्वदेशी पर आधारित गांधी के अर्थ-दर्शन के केन्द्र में यह सोच कार्य कर रही थी। सबके लिए आर्थिक आजादी ही सच्चा स्वराज्य है। गांधी के अनुसार : 'मेरे सपने का स्वराज तो गरीबों का स्वराज होगा।' जीवन की सामान्य सुविधाएँ सभी को सुलभ होनी चाहिए। जहाँ तक अर्थ-व्यवस्था का प्रश्न है, गांधी ने इन बातों पर बल दिया है :

(i) **आर्थिक समानता :** आर्थिक बराबरी के सन्दर्भ में गांधी ने यह कहा कि 'मैं कुछेक हाथों में सम्पत्ति के केन्द्रीकरण के विरुद्ध हूँ। मैं धन-दौलत का ज्यादा से ज्यादा विकेन्द्रीकरण चाहता हूँ।' पर गांधी जानते थे कि

यह आदर्श है और आदर्शवादी व्यवस्था का भी यथार्थ होता है यानी आदर्शवादी व्यवस्था में आर्थिक विषमताएँ बनी रहेंगी। इसलिए यदि आर्थिक समानता सम्भव न हो तो एक ऐसी व्यवस्था भी अच्छी मानी जा सकती है जिसमें किसी को भी खाने-पीने और कपड़े का अभाव नहीं हो यानी बुनियादी जरूरतें सबकी पूरी हो सकें—यह गांधी सुनिश्चित करना चाहते थे।

(ii) बड़े पैमाने पर उत्पादन की हानियाँ : मशीनों द्वारा बड़े पैमाने पर उत्पादन के गांधी ने तीन दोष गिनाए हैं—पहला, पूँजीपति मजदूरों का शोषण करते हैं जिससे गरीबी और भुखमरी बढ़ती है। दूसरे, औद्योगिक दृष्टि से विकसित राष्ट्र गरीब देशों का शोषण करते हैं। उद्योगपतियों की आपसी होड़ विश्वयुद्ध का कारण बन सकती है। तीसरे, उद्योगपतियों के बीच प्रतिस्पर्धा बढ़ती है जिससे साधनों की बरबादी होती है। अधिक लाभ की चाह से उद्योगपति अनावश्यक वस्तुओं का भी उत्पादन करते हैं। इसका बुरा असर आखिरकार कमजोर वर्ग पर ही पड़ता है—इसलिए गांधी मशीनीकरण का विरोध करते हैं।

(iii) प्रन्यास-सिद्धान्त : सम्पत्ति को लेकर गांधी का ट्रस्टीशिप का सिद्धान्त एक दूरगामी सोच थी। गांधी ने पूँजीवादी शोषण की निन्दा की। कम्यूनिस्टों के अनुसार, वर्ग-संघर्ष अनिवार्य है। बिना हिंसा या रक्तपात के साम्यवादी क्रान्ति सम्भव नहीं है। परन्तु गांधी ने वर्ग-संघर्ष का विरोध किया। गांधी जमींदारों और पूँजीपतियों से जबरदस्ती उनकी भूमि या कारखाने छीन लेने के हक में नहीं थे। वे पूँजीवादी व्यवस्था को बदलने के बजाय पूँजीपतियों के हृदय-परिवर्तन पर जोर देते थे। वे चाहते थे कि पूँजीपति अपने को सम्पत्ति का मालिक नहीं, 'ट्रस्टी' या न्यासी समझें। दूसरे शब्दों में, 'उन्हें यह समझना चाहिए कि जो सम्पत्ति उनके पास है, वह वास्तव में समाज की धरोहर है। उसमें से वे अपने लिए उतना ही खर्च करें जितना कि उनकी सेवाओं के लिए उपयुक्त है और शेष धन समाज को लौटा दें।'—इसका यह अर्थ नहीं कि वे उस सम्पत्ति को गरीबों में बाँट दें। उन्हें चाहिए कि मजदूरों को उचित मजदूरी दें और धन को लोकहितकारी कार्यों में लगाएँ, जैसे—विद्यालय एवं औषधालय स्थापित करना तथा श्रमिकों के लिए आवास तथा अन्य सुविधाएँ जुटाना। दुर्भाग्य से कालान्तर में पूँजीपतियों ने इस

व्यवथा में खामियाँ ढूँढ़ लीं और उनका अपने हित में अपनी पूँजी को लगातार बढ़ाने और सम्पत्ति पर एकच्छत्र साम्राज्य बनाये रखने में इसका इस्तेमाल किया है।

(iv) **उत्पादन के साधनों पर राज्य का स्वामित्व :** कम्यूनिस्ट 'सशस्त्र क्रान्ति' की बात करते हैं, परन्तु गांधीवादी कहते हैं कि ऐसा करने से शोषण का अन्त भले ही दिखाई दे, पर इस रक्तपात से जो प्रतिहिंसा की भावना भड़केगी, वह बने-बनाए ढाँचे को विनष्ट कर देगी। गांधी जमींदारों और पूँजीपतियों के विचारों में परिवर्तन प्रेम और सचाई के मार्ग—सत्याग्रह से चाहते थे। किन्तु यदि वे ट्रस्टी बनने के विचार को ठुकरा देते हैं तो भूमि तथा उत्पादन के अन्य साधनों पर राज्य का नियंत्रण कायम किया जा सकता है।

(v) **सर्वोदय :** सर्वोदय का अर्थ है—समाज के प्रत्येक सदस्य का मंगल अथवा कल्याण। अहिंसा का पक्षधर तो 'सर्वभूत हिताय' यानी सबके अधिकतम हित के लिए ही प्रयत्न करेगा। संक्षेप में, यदि कहें तो सर्वोदय का सिद्धान्त इन तीन बातों पर बल देता है—पहला, हमारा लक्ष्य यह होना चाहिए कि सभी के हितों की पूर्ति हो, किसी एक व्यक्ति या वर्ग के हित-साधन से काम नहीं चलेगा। दूसरे, एक चिकित्सक के श्रम का जितना महत्त्व है, उतना ही एक मजदूर के श्रम का, चूँकि दोनों ही अपने श्रम से अपना भरण-पोषण करते हैं। तीसरे, श्रम-प्रधान जीवन ही एक सच्चा जीवन है, जैसाकि किसान और दस्तकार का जीवन। जिन नगरवासियों के पास कृषि-कार्य के लिए प्लाट या भूखंड उपलब्ध नहीं, वे तकली या चरखे से सूत की कताई कर सकते हैं अथवा अन्य किसी दस्तकारी में अपने को लगा सकते हैं। बुद्धिजीवियों—वकील, डॉक्टर, पत्रकार, प्राध्यापक आदि—को भी कुछ-न-कुछ शारीरिक श्रम अवश्य करना चाहिए।

गांधी के अनुसार, आधुनिक जीवन की सभी सामाजिक-आर्थिक समस्याओं का समाधान 'सर्वोदय' में निहित है, क्योंकि उससे 'स्वार्थ' की भी सिद्धि होती है और 'परहित' भी सधता है। गांधी के बाद विनोबा भावे ने सर्वोदय को पाँच-सूत्री कार्यक्रम का रूप दिया, जिसमें ये पाँच बातें शामिल थीं—आन्तरिक शुद्धि, बाह्य शुद्धि, श्रम, शान्ति और समर्पण।

(vi) रोटी के लिए परिश्रम और स्वदेशी का सिद्धान्त : आदर्शवादी व्यवस्था में लोग निष्क्रिय या निकम्मे न हो जाएँ, इसे ध्यान में रखकर गांधी साफ तौर पर कहते हैं कि हर व्यक्ति को अपनी जीविका के लिए कुछ शारीरिक परिश्रम अवश्य करना चाहिए। आदर्श स्थिति तो यह होगी कि हर परिवार अपने खाने-पीने की वस्तुएँ—अन्न एवं साग-सब्जी इत्यादि खुद उगाए। भारत चूँकि गाँवों में बसता है, इसलिए गांधी ने ग्राम-केन्द्रित कुटीर उद्योगों पर विशेष बल दिया। हथकरघा और खादी-उद्योग द्वारा लाखों-करोड़ों लोग जीविका-उपार्जन कर सकते हैं। इनके अलावा और बहुत-से ऐसे उद्योग हैं जिन्हें प्रोत्साहन की जरूरत है, जैसे—गुड़ बनाना, कागज बनाना, धान की कुटाई और मधुमक्खी पालन। स्वदेशी की भावना स्पष्ट करते हुए गांधी कहते हैं : 'स्वदेशी की भावना का अर्थ है—हमारी वह भावना, जो हमें दूर को छोड़कर अपने समीपवर्ती प्रदेश का ही उपयोग और सेवा करना सिखाती है। उदाहरण के लिए, इस परिभाषा के अनुसार धर्म के सम्बन्ध में यह कहा जाएगा कि मुझे अपने पूर्वजों से प्राप्त धर्म का ही पालन करना चाहिए। अपने समीपवर्ती धार्मिक परिवेष्टन का उपयोग इसी तरह हो सकेगा। यदि मैं उसमें दोष पाऊँ तो मुझे उन दोषों को दूर करके उसकी सेवा करनी चाहिए। इसी तरह राजनीति के क्षेत्र में मुझे स्थानीय संस्थाओं का उपयोग करना चाहिए और उनके जाने-माने दोषों को दूर करके उनकी सेवा करनी चाहिए। अर्थ के क्षेत्र में मुझे अपने पड़ोसियों द्वारा बनाई गई वस्तुओं का ही उपयोग करना चाहिए और उन उद्योगों की कमियाँ दूर करके, उन्हें ज्यादा सम्पूर्ण और सक्षम बनाकर उनकी सेवा करनी चाहिए। मुझे लगता है कि यदि स्वदेशी को व्यवहार में उतारा जाए तो मानवता के स्वर्ग युग की अवतारणा की जा सकती है।'

संत समीर के अनुसार, गांधी का स्वदेशी-भाव सिर्फ कुछ वस्तुओं के बनाने-बेचने की आचार-संहिता से आगे देश और समाज की अन्यान्य व्यवस्थाओं तक दूर-दूर विस्तारित है। स्वदेशी की मूल अवधारणा में शोषणविहीन समाज-निर्माण की चाहत की गहरी संवेदना है और इसलिए इसे केन्द्र में रखते ही मनुष्य समाज के प्राय: सारे जरूरी पहलू, मसलन—धर्म, आस्था, संस्कृति, राजनीति, अर्थतंत्र, आपसी सम्बन्ध-आदि-आदि व्याख्याओं का सन्तुलन धारण करने लगते हैं। स्वदेशी का

मर्म समझ लेने पर प्रकृति में व्याप्त अन्योन्याश्रितता का तत्त्व भी अपने पूरे वैभव में अन्त:पटल पर आकार लेते हुए हृदयंगम होने लगता है। गांधी के किए-धरे में इसकी अभिव्यक्ति देखनी हो तो अपने पूर्व स्वरूप में ही वर्तमान सेवाग्राम आश्रम (वर्धा, महाराष्ट्र) को एक बार जरूर देख आना चाहिए। एकदम साधारण-सी दिखनेवाली आश्रम की झोपड़ियों की असाधारणता इसी बात में है कि इन्हें अन्दर-बाहर से देखते हुए गांधी जी की सोच-समझ और जीवन-दृष्टि की स्पष्ट झलक मिलती है। जब गांधी जी के निवास हेतु पहली कुटिया बनाने की योजना बनी, तो उन्होंने तीन शर्तें रखीं : एक, पाँच सौ रुपये से ज्यादा खर्च नहीं होना चाहिए। दो, पचहत्तर किलोमीटर के दायरे में उपलब्ध वस्तुओं का ही इस्तेमाल किया जाए। तीन, सिर्फ स्थानीय कारीगरों की मदद ही ली जाए। इस तरह इन शर्तों का पूरी तरह पालन करते हुए गांधी जी के लिए पहली कुटी, जिसे आज 'आदिनिवास' के रूप में हम जानते हैं, बनकर तैयार हुई। शुरुआत में उनके साथ खान अब्दुल गफ्फार खाँ, संत तुकडोजी, प्यारेलाल, कस्तूरबा तथा दूसरे कई आश्रमवासी इसी मकान में रहे। इसके उत्तर वाले बरामदे में बापू खुद अपने हाथों से आश्रमवासियों को भोजन परोसते थे। 1942 में 'भारत छोड़ो' आन्दोलन की पहली सभा भी इसी कुटिया में हुई।

ध्यान देने की बात है कि गांधी का स्वदेशी-भाव अपनी जरूरतें अपने आस-पास से पूरी जरूर कर लेता है, पर वह शेष संसार से भी कतई कटकर नहीं रहता, जैसाकि अक्सर आरोप लगाया जाता है। इसका व्यावहारिक रूप देखना हो तो गाँवों और शहरों की बनावट पर भी एक निगाह जरूर डाल लेनी चाहिए। हमारे गाँवों की काफी दुर्गति हो चुकी है, फिर भी वहाँ आस-पड़ोस से अपनी जरूरतें पूर कर लेने के स्वदेशी भाव का कुछ अंश अभी तक बचा चला आ रहा है, तो इसलिए कि लोग एक-दूसरे को काफी हद तक जानते-समझते हैं और आपस के सुख-दुख के मौकों पर गाहे-बगाहे एकसाथ खड़े भी दिखाई देते हैं। लेकिन, शहरों में तो अपने अड़ोस-पड़ोस से कम ही लोग मतलब रखते हैं। यहाँ तक कि एक अपार्टमेंट में रह रहे परिवार अपने ही पैरों के नीचे या सिर के ठीक ऊपर रहनेवाले लोगों के बारे में कुछ नहीं जानते, या जानना भी नहीं चाहते। शहरी जीवन में चूँकि ज्यादातर जरूरतें पड़ोस

की बजाय दूर-दूर से पूरी होती हैं तो जाहिर है कि भौगोलिक नजदीकियाँ भी दिलों की दूरियाँ पाटने का कोई सबब नहीं पैदा कर पातीं। लेकिन सावधान! इसका अर्थ आप यह न समझ लें कि स्वदेशी के सिद्धान्त में शहर-विरोध का कोई स्थायी भाव है। गाँव बनाम शहर का द्वन्द्व दिखाते हुए गांधी की मंशा यह कहीं दिखाई नहीं देती कि गाँव स्वर्ग है। वे वहाँ की कमियों को सबसे पहले रेखांकित कर दूर करने की बात करते हैं। गांधी जब स्वदेशी की बात करते हैं, बाजार और उद्योगवाद की बात करते हैं तो भारत और पश्चिम के सन्दर्भ में गाँव और शहर के जरूरी और गैर-जरूरी होने को भी रेखांकित करते चलते हैं। जरा गांधी का यह वक्तव्य देखिए : 'दुनिया में ऐसे विवेकी पुरुषों की संख्या लगातार बढ़ रही है, जो इस सभ्यता को—जिसके एक छोर पर तो भौतिक समृद्धि की कभी तृप्त न होनेवाली आकांक्षा है और दूसरे छोर पर उसके फलस्वरूप पैदा होनेवाला युद्ध है—अविश्वास की निगाह से देखते हैं। लेकिन यह सभ्यता अच्छी हो या बुरी, भारत का पश्चिम जैसा उद्योगीकरण करने की क्या जरूरत है? पश्चिमी सभ्यता शहरी सभ्यता है। इंग्लैंड और इटली जैसे छोटे देश अपनी व्यवस्थाओं का शहरीकरण कर सकते हैं। अमेरिका बड़ा देश है, किन्तु उसकी आबादी बहुत विरल है। इसलिए उसे भी शायद वैसा करना पड़ेगा। लेकिन कोई भी आदमी यदि सोचेगा तो यह मानेगा कि भारत जैसे बड़े देश को, जिसकी आबादी बहुत ज्यादा बड़ी है और ग्राम-जीवन की ऐसी पुरानी परम्परा में पोषित हुई जो उसकी आवश्यकताओं को बराबर पूरा करती आई है, पश्चिमी नमूने की नकल करने की कोई जरूरत नहीं है और न ही उसे ऐसी नकल करनी चाहिए। विशेष परिस्थितियों वाले किसी दूसरे देश के लिए भी अच्छी ही हो, यह जरूरी नहीं है। जो चीज किसी एक आदमी के लिए पोषक का काम देती हो, वही दूसरे के लिए जहर जैसी सिद्ध होती है। किसी देश की संस्कृति को निर्धारित करने में उसके प्राकृतिक भूगोल का प्रमुख हिस्सा होता है। ध्रुव-प्रदेश के निवासी के लिए ऊनी कोट जरूरी हो सकता है, लेकिन मध्य रेखावर्ती प्रदेशों के निवासियों का तो उससे दम ही घुट जाएगा।'—इतने के बाद भी यदि गांधी का स्वदेशी-भाव हमारे रहनुमाओं को अव्यावहारिक और पुरोगामी लगता है तो उनकी समझ को क्या कहा जाए!

गांधी का स्वदेशी पर आधारित अर्थ-दर्शन

स्वदेशी की बात उठती है तो अक्सर समझ लिया जाता है कि यह यंत्र-विरोधी अर्थात तकनीक-विरोधी विचारधारा है। जो लोग ऐसा समझते हैं, वे भूल जाते हैं कि गांधी ने उस दौर के हिसाब से चरखे की बेहद उन्नत तकनीक को पुनर्जीवित किया था। उन्होंने इसे और उन्नत बनाने के लिए इनाम तक घोषित किया था। गांधी-दृष्टि यह नहीं कहती कि मनुष्य यंत्रों को पूरी तरह खारिज कर दे और सिर्फ हाथ-पैरों का ही इस्तेमाल करके काम चलाए। गांधी साफ कहते हैं : 'यंत्रों का भी स्थान है और यंत्रों ने अपना स्थान प्राप्त भी कर लिया है। लेकिन मनुष्यों के लिए जिस प्रकार की मेहनत करना अनिवार्य होना चाहिए, उसी प्रकार की मेहनत का स्थान उन्हें ग्रहण न कर लेना चाहिए। घर में चलाने लायक यंत्रों में सुधार किए जाएँ तो मैं उसका स्वागत करूँगा। लेकिन मैं यह भी समझता हूँ कि जब तक लाखों किसानों को उनके घर में कोई दूसरा धंधा करने के लिए न दिया जाए तब तक हाथ-मेहनत से चरखा चलाने के बदले किसी दूसरी शक्ति से कपड़े का कारखाना चलाना गुनाह है। लेकिन ऐसे सारे औजारों, साधनों या यंत्रों का, जो व्यक्ति की मेहनत को बचाए और झोपड़ियों में रहनेवाले लाखों-करोड़ों लोगों का बोझ कम करे, मैं जरूर स्वागत करूँगा। हिन्दुस्तान के सात लाख गाँवों में फैले हुए ग्रामवासी-रूपी करोड़ों जीवित यंत्रों के विरुद्ध इन जड़ यंत्रों को प्रतिद्वन्द्विता में नहीं लाना चाहिए। यंत्रों का सदुपयोग हो तो यह कहा जाएगा कि उससे मनुष्य के प्रयत्न को सहारा मिले और उसे वह आसान बना दे। यंत्रों के मौजूदा उपयोग का झुकाव तो इस ओर ही बढ़ता जा रहा है कि कुछ इने-गिने लोगों के हाथ में खूब सम्पत्ति पहुँचाई जाए।' इस दृष्टि को न समझ पाने पर गांधी ने चेतावनी दी थी कि 'एक क्षण के लिए मान भी लिया जाए कि यंत्र मानव-समाज की सारी आवश्यकताएँ पूरी कर सकते हैं, तो भी उसका यह परिणाम तो होगा ही कि उत्पादन कुछ विशिष्ट क्षेत्रों में केन्द्रित हो जाएगा और इसलिए वितरण की योजना के लिए हमें द्राविड़ी प्राणायाम करना पड़ेगा।'—और वास्तव में, आज की तारीख में यह बताने की कोई बहुत जरूरत नहीं रह गई है कि व्यवस्था के हर पायदान पर हम आए दिन इन द्राविड़ी प्राणायाम की स्थितियों से रू-ब-रू हो ही रहे हैं। संत समीर सही समझते हैं कि प्रश्न तकनीक का नहीं है, प्रश्न तो तकनीक के पीछे काम करनेवाले भाव का है।

> 'जड़ और भौतिक तकनीक भी अन्ततः अमूर्त और अभौतिक भावों की अनुषंगी है। तकनीक का रूप वैसा ही होगा, उसके पीछे जैसी मंशा काम कर रही होगी। दुनिया पर प्रभुता जमाने के भाव के बगैर परमाणु बम का आविष्कार नहीं हो सकता था। विनाशकारी तकनीक के पीछे युद्ध और मार-काट की मानसिकता तो होगी ही। अन्यथा, दुनिया में अमन-चैन और आपसी सहयोग का मानस बनाने का काम चले तो उसी आणविक शक्ति से धरती पर स्वर्ग उतारने की हजार राहें तलाशी जा सकती हैं।'—गांधी यहाँ भी अपनी खास रंगत दिखाते हैं। गांधी की बारीक निगाह बेहद व्यापक थी। वह श्रम का महत्त्व और अनिवार्यता समझते थे। स्वदेशी का सिद्धान्त इसी रास्ते अस्तित्व में आया है।

पश्चिम की यांत्रिक सभ्यता को भी गांधी ने हिन्दुस्तान के लिए वांछनीय नहीं समझा। उसकी आलोचना करते हुए लिखा : 'मशीनें यूरोप को उजाड़ने लगी हैं और वहाँ की हवा अब हिन्दुस्तान में चल रही है। यंत्र आज की सभ्यता की मुख्य निशानी है और वह महापाप है, ऐसा मैं तो साफ देख सकता हूँ। बम्बई की मिलों में जो मजदूर काम करते हैं, वे गुलाम बन गए हैं। जो औरतें उनमें काम करती हैं, उनकी हालत देखकर कोई भी काँप उठेगा। जब मिलों की वर्षा नहीं हुई थी, तब वे औरतें भूखों नहीं मरती थीं। मशीन की यह हवा ज्यादा चली, तो हिन्दुस्तान की बुरी दशा होगी।'—गांधी की समझ में, मशीनों की यह हवा ज्यादा चलने से हिन्दुस्तान की दशा और ज्यादा बुरी हो जाती, इसलिए उन्होंने यहाँ के पुराने उद्योग-शिल्प की वापसी पर बल देते हुए यहाँ के मिल मालिकों से यह अपील की : 'मिल मालिकों की ओर हम नफरत की निगाह से नहीं देख सकते। हमें उन पर दया करनी चाहिए। वे एकाएक मिलें छोड़ दें, यह तो मुमकिन नहीं है लेकिन हम उनसे ऐसी विनती कर सकते हैं, वे अपने इस साहस को बढ़ाएँ नहीं। अगर वे देश का भला करना चाहें, तो खुद अपना काम धीरे-धीरे कम कर सकते हैं। वे खुद पुराने, प्रौढ़, पवित्र चरखे देश के हजारों घरों में दाखिल कर सकते हैं और लोगों का बुना हुआ कपड़ा लेकर उसे बेच सकते हैं।'—उल्लेखनीय है कि गांधी के चरखे-प्रेम को लेकर उनके समय ही हाय-तौबा मचानेवाले बहुतेरे लोग थे जिन्हें लगता था, इससे हम अपने पिछड़ेपन से कभी मुक्त नहीं हो सकते।

आज तो चरखे की बात करना जड़ता, मूर्खता के सिवा कुछ नहीं समझा जा सकता किन्तु गांधी के लिए चरखा प्रतीक था—उन समस्त श्रम-आधारित छोटे-छोटे कुटीर उद्योगों का, जिनके कारण भारत अतीत में स्वावलम्बी था और वर्तमान में भी

जिनके कारण गाँव से लेकर राष्ट्र तक आर्थिक स्वावलम्बन एवं सर्वसुलभ रोजगार का वितान रचा जा सकता है। कुल मिलाकर गांधी ने 'हिन्द स्वराज' में एक ऐसे भावी भारत का नक्शा पेश किया जो भाषा, शिक्षा, उद्योग आदि क्षेत्रों में पश्चिमी मॉडल के बजाय स्वदेशी प्रणाली का अनुगमन करता हुआ इस रूप में उभरता जहाँ कोई भी भूख, बेरोजगारी, दैन्य आदि से पीड़ित नहीं होता; जहाँ के लोग अत्यधिक भोग एवं इन्द्रिय सुख के लोभ में न पड़कर प्रेम, त्याग, दया, संयम आदि मूल्यों को आत्मसात् करते हुए पश्चिम की उपभोक्तावाद प्रसारी भौतिक सभ्यता के दुश्चक्र से दूसरे देशों को भी बचाने का मार्ग दिखा सकते हैं। इसलिए उन्होंने आत्मबल, दयाबल, सत्य, अहिंसा, आदि को आचरण में उतारने का आग्रह किया। इसका महत्त्व उजागर करने के लिए वे 'हिन्द स्वराज' में तुलसीदास का यह दोहा उद्धृत करते हैं : 'दया धर्म का मूल है, देहमूल अभिमान; तुलसी दया न छाँड़िए, जब लग घट में प्रान'। 1915 में भारत वापसी के बाद गांधी लगातार 'हिन्द स्वराज' वाली बातों को जोड़कर ही आवाम के आगे रखते रहे।

भाषा, शिक्षा-नीति, उद्योग आदि के सम्बन्ध में उनका वैसा ही आग्रह बना रहा। यंत्र-सम्बन्धी विचारों में उन्होंने इतना ही परिवर्तन किया कि सिंगर की सिलाई मशीन जैसे यंत्र की उपयोगिता को स्वीकार किया। 1924 में रामचन्द्रन नाम के व्यक्ति के साथ हुए वार्तालाप में उन्होंने स्वीकार किया : 'सिंगर की सीने की मशीन का मैं स्वागत करूँगा। आज की सब खोजों में जो बहुत काम की जो थोड़ी खोजें हैं, उनमें से यह एक सीने की मशीन है। सिंगर ने अपनी पत्नी को सीने और खिया लगाने का उकताने वाला काम करते देखा। पत्नी के प्रति रहे प्रेम ने गैर-जरूरी मेहनत से उसे बचाने के लिए सिंगर को ऐसी मशीन बनाने की प्रेरणा दी। ऐसी खोज करके उसने सिर्फ अपनी पत्नी का ही श्रम नहीं बचाया बल्कि जो भी ऐसी सीने की मशीन खरीद सकते हैं, उन सबको हाथ से सीने के उबानेवाले श्रम से छुड़ाया है। सिंगर मशीन के पीछे प्रेम था, इसलिए मानव-सुख का विचार मुख्य था। उस यंत्र का उद्‌देश्य है—मानव-श्रम की बचत। उसका इस्तेमाल करने के पीछे मकसद धन के लोभ का नहीं होना चाहिए, बल्कि प्रामाणिक रीति से दया का होना चाहिए। मसलन, टेढ़े तकुवे को सीधा बनाने वाले यंत्र का मैं बहुत स्वागत करूँगा लेकिन लोहारों का तकुवे बनाने का काम ही खत्म हो जाए, यह मेरा उद्‌देश्य नहीं हो सकता। जब तकुवा टेढ़ा हो जाए, तब हर एक काटनेवाले के पास तकुवा सीधा कर लेने के लिए यंत्र हो, इतना ही मैं चाहता हूँ। इसलिए लोभ की जगह प्रेम को दें। तब फिर सब अच्छा ही अच्छा होगा।'—इस कथन के आलोक में साफ है कि गांधी ऐसे

छोट-छोटे यंत्रों के पक्ष में अवश्य थे जो उबानेवाले श्रम से छुटकारा दिलाने वाले हों तथा लोभ के बदले प्रेम को बढ़ाने वाले हों लेकिन अन्त तक वे बड़े-बड़े दैत्याकार यंत्रों एवं मिलों के विरुद्ध ही रहे जिसे उन्होंने न सिर्फ भारत, अपितु पूरे विश्व के लिए अनिष्टकारी ही समझा।

यह बात उनके इस पत्र में भी प्रकट होती है जो उन्होंने 5 अक्टूबर, 1945 में जवाहरलाल नेहरू को लिखा था। ध्यान देना होगा कि गांधी 1941 में ही नेहरू को अपना राजनीतिक उत्तराधिकारी घोषित कर प्रकारान्तर से अपने सपनों को मूर्त रूप देने का दायित्व उन्हें सौंप चुके थे लेकिन आजादी के समीप पहुँचते-पहुँचते गांधी के इस उत्तराधिकारी को लगने लगा कि 1909 के 'हिन्द स्वराज' में कही बातों को मानने से देश पिछड़ जाएगा और वे गांधी की इन बातों से रिश्ता तोड़कर विकास की नई वास्तविकताओं के कायल हो चुके थे। यही कारण था कि अपने इस उत्तराधिकारी को अपनी पहले की सोच का स्मरण कराते हुए गांधी ने उस पत्र में लिखा : 'पहली बात तो हमारे बीच में जो पहला मतभेद हुआ है, उसकी वजह है। अगर वह भेद सचमुच है तो लोगों को भी जानना चाहिए क्योंकि उनको अँधेरे में रखने से हमारा स्वराज्य का काम रुकता है। मैंने कहा है कि 'हिन्द स्वराज' में मैंने लिखा है, उस राज्य-पद्धति पर मैं बिलकुल कायम हूँ। यह सिर्फ कहने की बात नहीं है लेकिन जो चीज मैंने 1909 साल में लिखी है, उसी चीज का सत्य मैंने अनुभव से आज तक पाया है। आखिर में मैं एक ही उसे मानने वाला रह जाऊँ, उसका मुझे जरा-सा भी दु:ख न होगा, क्योंकि मैं जैसे सत्य पाता हूँ, उसका मैं साक्षी बन सकता हूँ।

'मैं यह मानता हूँ कि अगर हिन्दुस्तान को सच्ची आजादी पानी है और हिन्दुस्तान के मार्फत दुनिया को भी, तब आज नहीं तो कल देहातों में ही रहना होगा—झोपड़ियों में, महलों में नहीं। कई अरब आदमी शहरों और महलों में सुख और शान्ति से कभी रह नहीं सकते, न एक-दूसरे का खून करके—मायने हिंसा से, न झूठ से यानी असत्य से। सिवाय इस जोड़ी के (यानी सत्य और अहिंसा) मनुष्य-जाति का नाश ही है, इसमें मुझे जरा-सा भी शक नहीं है। उस सत्य और अहिंसा का दर्शन हम देहातों की सादगी में ही कर सकते हैं। वह सादगी चरखा में और चरखा में जो चीज भरी है, उसी पर निर्भर है। मुझे कोई डर नहीं है कि दुनिया उल्टी ओर ही जा रही है। यों तो पतंगा जब अपने नाश की ओर जाता है, तब उसके ज्यादा चक्कर खाता है और चक्कर खाते-खाते जल जाता है। हो सकता है कि हिन्दुस्तान इस पतंगे के चक्कर में से न बच सके। मेरा फर्ज है कि आखिरी दम तक

उसमें से उसे और उसके मार्फत जगत को बचाने की कोशिश करूँ। मेरे कहने का निचोड़ यह है कि मनुष्य जीवन के लिए जितनी जरूरत की चीज है, उस पर निजी काबू रखना ही चाहिए। अगर न रहे तो व्यक्ति बच ही नहीं सकता' (कुछ पुरानी चिट्ठियाँ—जवाहर लाल नेहरू, पृ. 677)। 'जरूरतों को काबू में रखना'—यही गांधी के अर्थ-दर्शन का सूक्त कथन है।

मृत्यु से लगभग ढाई साल पहले गांधी का यह कथन यही सिद्ध करता है कि 'हिन्द स्वराज' में कही बातों के अनुरूप ही वे स्वाधीन भारत का निर्माण होते देखना चाहते थे। उस समय बहुसंख्यक लोग देहातों में रहते थे, इसलिए देहात किस तरह के होंगे, उसका संकेत करते गांधी ने उसी पत्र में लिखा है : 'मेरा देहात आज मेरी कल्पना में ही है। इस काल्पनिक देहात में देहाती जड़ नहीं होगा, शुद्ध चैतन्य होगा। वह गन्दगी में, अँधेरे कमरे में जानवर की जिन्दगी बसर नहीं करेगा, मदद के साथ मुकाबला करने को तैयार रहेगा। वहाँ न हैजा होगा, न मरकी होगी, न चेचक होगी। कोई आलस्य में नहीं रह सकता है, न कोई ऐश-आराम में रहेगा। सबको शारीरिक मेहनत करनी होगी' (वही, पृ. 678)। यहाँ गांधी के सपनों का देहात नहीं, भावी भारत प्रस्तावित हुआ है।

गांधी के ग्रामोद्योग की अहमियत

गांधी के जमाने में भारतीय नवयुवक खेती आधारित कुटीर उद्योगों से जुड़कर काफी हद तक अपनी आजीविका अर्जित कर रहे थे। इसलिए तमाम दबावों के बावजूद आजादी के बाद 60 के दशक तक बेरोजगारी दिख नहीं रही थी। लेकिन धीरे-धीरे खेत छोटे होते चले गए। वन और स्थानीय कृषि आधारित कुटीर उद्योग उजड़ गए। वहाँ बड़े उद्योगों को स्थापित कर दिया गया, जहाँ मशीनी क्रान्ति के कारण कम लोगों की सहायता से ज्यादा उत्पादन होने लगा। मशीनीकरण लगातार बढ़ता चला गया और बेरोजगार लोग भी बढ़ते गए। नेहरू के रचा शाब्दिक स्वप्नलोक ध्वस्त हो गया। युवावर्ग भयानक मोहभंग का शिकार हो गया। लोग मामूली मजदूरी पाने के लिए भी संघर्ष करने लगे। आज स्थिति अधिक विकराल है। प्रतिभा-सम्पन्न युवा और उच्च मध्यवर्गीय परिवारों के बच्चे पढ़-लिखकर अपना भविष्य विदेशों में तलाश रहे हैं जबकि नवयुवकों का एक बहुत बड़ा वर्ग रोजगार के अभाव में अपराध की तरफ बढ़ रहा है। वह हताश होकर नशे में डूब रहा है। ऐसे में भारत समेत तीसरी दुनिया ही नहीं, दुनिया भर में गांधी के ग्रामोद्योग की प्रासंगिकता पर फिर से विचार हो रहा है।

गांधी का ग्रामोद्योग इस केन्द्रीय विचार पर टिका था कि न तो पूँजीपति श्रमिकों का शोषण करे और न मजदूर उत्पादन-व्यवस्था में महत्त्वपूर्ण होने के बाद दूसरों का शोषण करने लगे। इसके लिए गांधी ने ग्रामोद्योग का रास्ता दिखाया था जहाँ गाँववाले अपनी जरूरतों की सारी चीजें उत्पन्न करें या उनका उत्पादन करें। वस्तु

उत्पादन, उनका विनिमय और उनका इस्तेमाल गाँव में ही हो ताकि पूँजीवादी उपभोक्तातंत्र विकसित न हो सके। गाँव की जरूरतें पूरी करने के लिए वस्तुओं का उत्पादन भी ग्रामोद्योग का लक्ष्य था। महात्मा गांधी, जिनके लिए भारत की घनी आबादी और सीमित भूमि एक कठोर हकीकत थी, कृषि-क्रान्ति के पहले की कल्पना में जीने की बजाय भारतीय जीवन की जो वास्तविक स्थितियाँ थीं, उसी के परिप्रेक्ष्य में जीवन और समाज के लिए नई दिशा ढूँढ़ रहे थे। सच्चिदानन्द सिन्हा के अनुसार, यह भी ध्यान देने की बात है कि आधुनिक औद्योगिकीकरण ने धरती और इसके संसाधनों पर बोझ घटाने की बजाय लगातार बढ़ाया ही है। खनिजों और उद्योगों के लिए वनोपजों की बढ़ती माँग के कारण लगातार वनभूमि एवं कृषि-योग्य भूमि को बंजर या कृषि के लिए अनुपयुक्त भूमि में तब्दील किया जा रहा है। दूसरी ओर, भूमि की उपज को अखाद्य वस्तुओं, जैसे रबर या एथनॉल में तब्दील किया जा रहा है। इसी तरह विपणन के विस्तार के लिए यातायात बढ़ता है और इससे कृषि-योग्य भूमि को अधिगृहीत कर सड़कों का जाल बिछाया जा रहा है। यह भयावह स्थिति है, जो अति-औद्योगिकीकरण के कारण उत्पन्न हुई है।

गांधी बड़े पूँजी-केन्द्रित उद्योगों का राष्ट्रीयकरण इसलिए चाहते थे कि वहाँ साधनहीन वर्ग को काम मिल सके। वे समझ रहे थे कि भारत की वास्तविक पहचान गाँव के अस्तित्व बनाये रखने से सम्भव है। शहर और महानगर उस समय विदेशी उपभोग के केन्द्र थे। बाद में वहाँ सरमायेदारों का वर्चस्व बढ़ता चला गया। दुर्भाग्य से बड़े स्तर पर जो उद्योग स्थापित हुए, वे महानगर-केन्द्रित थे। इससे पूँजीहीन ग्रामीणों को लाभ मिलने की बजाय शोषण का शिकार होना पड़ा। शहरी कारखानों में वे मामूली मजदूर बनकर रहे और ग्रामीण कुटीर उद्योग, स्पर्धा के कारण, बाजार में उनसे होड़ नहीं ले पाए। बड़े कारखानों में बनी वस्तुएँ कम समय और बड़े पैमाने पर उत्पादित होने के कारण आकर्षक तथा सस्ती थीं। बाजारवाद का नियम यही है कि सस्ता और टिकाऊ उत्पाद बहुतायत में तैयार करो; जो देर तक टिका रहता है। जबकि बहुत पहले भयानक मशीनीकरण की ओर इशारा करते हुए गांधी ने लिखा : 'मेरी आपत्ति यंत्रों के पीछे पागल होने पर है। हजारों लोगों को भूखों मरने के लिए नहीं छोड़ा जा सकता।'—वे इग्लैंड के अदृश्य या छुपे हुए आर्थिक साम्राज्यवाद को देख रहे थे जिसकी गुलामी की जंजीरें ज्यादा मजबूत थीं।

यहाँ गांधी की चिन्ता साफ तौर पर दिख रही है। मशीनों द्वारा पोषित बड़ा उद्योगवाद एक प्रकार से लोगों को गुलाम बनाने का औजार है। गांधी आजादी

के तत्काल बाद अपनी ग्राम आधारित उद्योग-व्यवस्था को लेकर अधिक सक्रिय हुए। उन्होंने स्वाधीन भारतवासियों को यह बताया कि वे सारी जरूरतों को ध्यान में रखते हुए गृह उद्योगों का विकास करें। शायद वे पहले विचारक थे जो अर्थशास्त्री न होने के बावजूद दुनिया भर की जरूरतों को वैश्विक स्तर पर देख रहे थे। इस सन्दर्भ में वे लगातार यह माँग करते रहे कि भारतीयों को उच्च मानवीय मूल्य आधारित सादा जीवन बिताने के साथ सहअस्तित्व की भावना से ही व्यापार और विनिमय करना चाहिए।

साहित्य के विद्यार्थी होने के नाते हम जानते हैं कि आधुनिक युग अर्थ-केन्द्रित है। अर्थ के अभाव में व्यक्ति, समाज और देश प्रतिष्ठित नहीं हो सकते। आजादी के बाद सभी सरकारी योजनाओं का केन्द्र आर्थिक विकास की गति को तेज करना रहा है। लेकिन इस लक्ष्य से गाँव ओझल होते चले गए जिससे 70% आबादी गरीब होती चली गई। गाँव विकृत होकर कस्बों में बदल गए। कस्बे शहर में और शहर बेतरतीब महानगरों में तब्दील होते गए। वहाँ का जीवन जटिल और विसंगत होता चला गया। पिछले चार दशकों में ऐसे कई गाँव उजड़ गए हैं और वहाँ मनुष्यों से ज्यादा पशु बस गए हैं। ग्रामीण और महानगरीय पर्यावरण ध्वस्त होने की कगार पर पहुँच गया है। गांधीवादी नजरिये से यह विकास की बजाय विनाश है। चारित्रिक धरातल पर लगातार गिरावट आती चली गई और भारतीय संस्कार किताबों में सिमटकर रह गए। ये सारी समस्याएँ ग्रामोद्योग व्यवस्था के ध्वंस से उत्पन्न हुई हैं।

गांधी की सोच मनुष्य और प्रकृति के सद्‌भावपूर्ण सम्बन्धों पर टिकी है इसलिए वे इस नीति से सहमत लगते हैं। मनुष्य की जरूरतों को पूरा करने लायक साधन-संसाधन निर्मित करने की प्रेरणा देते हैं जबकि पश्चिम से आया हुआ औद्योगिकीकरण पहले वस्तुओं का मनचाहा निर्माण कर लेता है और उनके मुताबिक लोगों को फुसलाकर उन्हें उपभोक्ता बनने के लिए मजबूर करता है यानी कृत्रिम जरूरतें एक आभासी दुनिया निर्मित कर ग्राहक उत्पन्न कर देती हैं। निरर्थक परिग्रह लोभ और लालच को बढ़ाता है, जिससे मनुष्य अपनी प्रकृति के विरुद्ध हिंसक बनता जाता है। यह सांस्कृतिक अवमूल्यन है। इस अप-संस्कृति से सभ्यता अपना अर्थ खो देती है। सभ्यता का असली अर्थ अपनी आवश्यकताओं को बढ़ाना नहीं है बल्कि अपने लेखे से उन्हें कम करना है। —गांधी के ये शब्द इस कथन का प्रतिपक्ष है कि विज्ञान ने नैसर्गिक शक्तियों को अपने काबू में कर लिया है। उनका उपयोग करना बुद्धिमानी है। जबकि गांधी ने यह ठीक पहचाना

था कि मशीनों ने उस समय भी अमेरिका जैसे आबादी के लिहाज से छोटे देश को दुनिया का निर्यात-नियंता बना दिया था। उस समय हर अमेरिकी नागरिक के पास 33 गुलामों को खरीदने की ताकत थी, जबकि हर भारतीय की गुलामी 33 गुणी बढ़ गई थी। आज यह आँकड़ा अकल्पनीय रूप से और भी बढ़ गया है।

मशीनीकरण ने संसाधनों और साधनों की बागडोर अमीर देशों और धनिक वर्ग के हाथ में सौंप दी है। इससे उत्पादन करनेवाले किसान और मजदूर हमेशा गरीब रहते हैं जबकि बिचौलिए बिना कुछ किए, सारा मुनाफा हड़प लेते हैं। ग्रामोद्योग में उत्पादक किसान और मजदूर सीधे उपभोक्ता तक अपना उत्पाद पहुँचाते हैं। उपभोक्ता को सेवा और वस्तुएँ कम कीमत पर उपलब्ध होती हैं, जबकि उत्पादक का लाभ भी बढ़ जाता है। उपभोक्ता उसके कार्यकौशल की कमियों को भी बताता है, जिससे उसकी उत्पादन और कार्य-कुशलता में वृद्धि होती है। इस साझेदारी से समाज संगठित रहता है। लोगों की आपसी समझ और विश्वास स्थायी बनते हैं। बड़े उद्योगों द्वारा निर्मित वस्तुएँ और सेवाएँ बीच में आए मध्यस्थों के कारण लाभ-हानि के स्वार्थ समीकरण से मुक्त नहीं रहती हैं। ग्रामोद्योग में सहकारी समितियों और पंचायतों के माध्यम से वस्तु-विनिमय और विक्रय होने के कारण कई व्यक्तियों को रोजगार और आर्थिक स्वावलम्बन के अवसर मिलते हैं। इससे उनकी मानसिक आजादी निश्चित होती है। उत्पादक अपनी उत्पादन-व्यवस्था से जुड़े प्रत्येक व्यक्ति के नजदीक रहता है, जिससे प्रेम और विश्वास का माहौल बनता है, जो देश को राजनीतिक ताकत देता है। बड़े उद्योग उत्पादन का केन्द्रीकरण कर देते हैं। स्वामित्व कुछ लोगों के हाथों में होने के कारण देश की पूँजी बड़े और औद्योगिक घरानों की तिजोरियों में सिमट जाती है, जिससे छोटे उत्पादक हताश होकर अपनी रचनाशीलता खो बैठते हैं। केन्द्रीकरण में पूँजीपति और उनके प्रबन्धक राजा बन जाते हैं। उद्योगों का विकेन्द्रीकरण करके सामाजिक समरस और लोकतंत्र का विकास सुनिश्चित किया जा सकता है।

अति औद्योगिकीकरण बेरोजगारी को जन्म देता है। यंत्र कई व्यक्तियों का काम कर लेता है। शहर में स्थापित होने के कारण वहाँ जनसंख्या घनत्व बढ़ जाता है। बुनियादी जरूरतें—रोटी, कपड़ा और मकान—पाने के लिए व्यक्ति लालची और हिंसक होते जाते हैं। नकली मनोरंजन और जीवन-पद्धति में बनावटीपन पसरता जाता है। भारत जैसे विकासशील देश में घनी आबादी का उपयोग छोटे ग्रामोद्योगों में किया जाए तो कई समस्याओं से बचा जा सकता है। ग्रामों में उद्योगों की व्याप्ति से

बेकारी के साथ-साथ मानसिक शुद्धता, बुद्धिमत्ता और चारित्रिक उच्चता को आसानी से पाया जा सकता है। मशीनी उद्योगों की अधिकता यातायात की असुविधा सहित हड़ताल, धरना-प्रदर्शन इत्यादि समस्याओं को भी जन्म देती है जबकि ग्रामोद्योग सृजनात्मक होने के कारण अपनी उत्पादित वस्तुओं को निरन्तर सुधारता रहता है। मशीनें वस्तुओं को नहीं, उनके अलग-अलग हिस्सों को और पुरजों को बनाती हैं। यह काम मशीनी ढंग से होता है जिससे मानसिक और शारीरिक विकास रुक जाता है। अमेरिका सहित अनेक यूरोपीय देशों में हम इसे देख सकते हैं। वहाँ मेधावी भारतीयों की संख्या बढ़ती जा रही है। क्योंकि परम्परागत भारतीय उत्पादन-व्यवस्था में शरीर और मन निरन्तर कार्य करते हैं। इसीलिए गांधी देश की युवा श्रम-शक्ति को देश में ही रचनात्मक सदुपयोग करने का रास्ता दिखाते हैं।

यह गांधीवादी का वैचारिक और व्यावहारिक पक्ष है। कम पैसे में ज्यादा लोगों को रोजगार देने की सम्भावना केवल ग्रामोद्योग में है। यह एक ऐसी मौलिक और कारगर योजना है जिसका इस्तेमाल का रास्ता गांधी दिखाते रहे। इस सन्दर्भ में उनकी सोच को पाश्चात्य दृष्टि से आक्रांत विचारक अव्यावहारिक और विज्ञान-विरुद्ध करने का प्रयास करते हैं जबकि गांधी और उनके द्वारा प्रस्तावित ग्रामोद्योग कहीं भी वैज्ञानिक आविष्कारों का बहिष्कार नहीं करते। बस, उनका जरूरत के हिसाब से विवेकपूर्ण इस्तेमाल करने का रास्ता दिखाते हैं। गैर-जरूरी उत्पादन का ढेर लगाना मशीनी उद्योगों का लक्ष्य है। आज चीन अपने उत्पादनों के पहाड़ के नीचे दब गया है। अगर एक भी देश उसके सामान का आयात बन्द कर दे तो वहाँ बेरोजगारी के कारण गृह-युद्ध निश्चित है। क्योंकि उन्होंने मशीनों से बिना जरूरतों के अल्पजीवी उत्पादों का ढेर लगा दिया है।

समाज के स्वास्थ्य और विकास के लिए उत्पादन होना चाहिए, न कि इनके विनाश के लिए। सारी योजनाएँ अगर इसी आधार पर बनें तो बेतरतीब शहरीकरण और गाँव का सूना होना रुक जाएगा। इन सबसे उत्पन्न समस्याएँ सुलझ जाएँगी। गांधी केवल पश्चिमी पद्धति के बड़े उद्योगों के पक्ष में नहीं थे क्योंकि वहाँ लोग कम हैं इसलिए औद्योगिकीकरण वहाँ चल सकते हैं जबकि ग्रामोद्योग भारतीय समाज-व्यवस्था के प्रमुख आर्थिक घटक—गाँव के विकास के लिए जरूरी है। अगर उद्योग गाँव में स्थापित हो तो विपुल जनशक्ति और प्राकृतिक जलसंसाधन का ज्यादा प्रभावी उपयोग किया जा सकता है। गाँव से पलायन करने के कारण शहर नरक में बदलते जा रहे हैं। ऐसे में ग्राम आधारित रोजगार-व्यवस्था से सम्भव उद्योग पिछड़ापन नहीं, प्रगतिशील सोच है।

अनावश्यक प्रतिस्पर्धा के कारण भारतीय युवाओं में आपसी वैमनस्य बढ़ गया है। समाज-व्यवस्था कभी भी चरमरा सकती है। गांधी प्रतिस्पर्धा को एक ऐसा पागलपन मानते रहे जिसके कारण बड़ी मछली छोटी मछली को खा जाती है। वे सबसे पीछे खड़े हुए गरीब व्यक्ति का खयाल करने की बात करते हैं :

'मैं आपको एक गुरुमंत्र देता हूँ। कमजोर और गरीब आदमी का खयाल कीजिए। उसके उपकार में ही आपका लाभ निहित है। इससे आपको आध्यात्मिक सन्तुष्टि मिलेगी। देश में स्वराज्य आएगा।'

गांधी के इन सूक्त-वाक्यों में ही स्वराज्य की मूल भावना निहित है। गांधी का स्वराज्य सुराज या राम-राज है। इसे बेमतलब आधुनिक मशीनीकरण से नहीं पाया जा सकता। ऊर्जा से भरी युवाशक्ति को आत्मध्वंस से बचाकर पाया जा सकता है। 'हजारों लोगों को भूखों मरने के लिए छोड़ देने की कीमत पर श्रम बचाना पागलपन है।' देश की आर्थिक नीतियाँ इस कथन को ध्यान में रखकर बनानी चाहिए। ग्रामोद्योगों की मदद से तब आजादी सुनिश्चित हुई थी। आज भी दूसरी आजादी का रास्ता गाँवों से होकर जाता है।

सत्याग्रह और अहिंसा पर आधारित राजनीति

देश की राजनीति ही नहीं; समाज और व्यक्ति-जीवन के प्रत्येक संघर्ष, समस्या एवं विवाद का समाधान सत्याग्रह और अहिंसा में देखने वाले गांधी के लिए साधन तथा साध्य की निर्मलता खास महत्त्व रखती थी। उनके मार्क्सवादी आलोचक मानते रहे कि आखिर साधन तो साधन ही हैं, उनमें पवित्रता या शुचिता देखना बेमतलब है, पर गांधी ने यह कहा कि 'साधन ही सब कुछ हैं। जैसे साधन होंगे, वैसा ही साध्य होगा। साधन और साध्य को अलग करनेवाली कोई दीवार नहीं है।'—यानी दोनों परस्पर आश्रित हैं और एक-दूसरे को प्रभावित करते हैं। इसलिए गांधी कहते हैं कि 'गंदे साधनों से मिलनेवाली चीज भी गंदी ही होगी।' गांधी ने बुराई पर विजय पाने के लिए 'सत्याग्रह' का शस्त्र सुझाया। सत्याग्रह का शाब्दिक अर्थ है—'सत्य का आग्रह' या 'सत्य के लिए आग्रह' अर्थात सचाई पर कायम रहना। गांधी ने सत्याग्रह को 'प्यार की शक्ति' अथवा 'आत्मबल' का नाम दिया। सत्याग्रह वास्तव में एक तपस्या है, क्योंकि 'अन्यायी' हृदय-परिवर्तन के लिए स्वयं कष्ट उठाता है और वह भी खुशी-खुशी। गांधी ने कहा था : 'कड़ी से कड़ी चीज प्यार की अग्नि से पिघल जाती है। यदि वह न पिघले तो यह समझना चाहिए कि आँच की तेजी में कुछ कमी है।' जैसाकि पहले कहा—सत्याग्रह और अहिंसा, दोनों परस्पर गुँथे हुए हैं। गांधी के शब्दों में : 'मेरी निष्ठा का सबसे पहला सूत्र अहिंसा है और यही मेरा अन्तिम सिद्धान्त भी है।' अहिंसा का सिर्फ यह अर्थ नहीं कि किसी की हत्या नहीं की जाए। अहिंसावादी हम उसे कहेंगे जो अन्यायी के प्रति भी प्रेम रखे। 'अत्याचारी

का विरोध हम अवश्य करेंगे, पर अत्याचारी को आहत करके नहीं। उसे प्यार से जीतने की कोशिश करें।' इस अर्थ में गांधी की हिंसा कायरता नहीं है। कायरता और अहिंसा एक-दूसरे से कतई भिन्न हैं। गांधी के लिए अहिंसा परिकल्पित अथवा सभी जीवों की आत्मनिर्भरता की जागरूकता को समाहित करनेवाली है। अहिंसा केवल अनुशासित माहौल में उभर सकती है जिसमें एक व्यक्ति आध्यात्मिक सुख की तलाश में शारीरिक सुखों का त्याग करता है।

दरअसल जो लोग गांधी की अहिंसा का दायरा सिर्फ मनुष्य के खिलाफ हिंसा का निषेध कर शाकाहार तक समझते हैं, वे उनकी अहिंसा का अधूरा पाठ समझते हैं। सरोज त्रिपाठी गांधी की अहिंसा को आधुनिक पारिस्थितिकी आन्दोलन के सन्दर्भ में देखती हैं। वस्तुत: जब तक विभिन्न सांस्कृतिक संसाधनों—वनस्पतियों, नदियों, पर्वतों के साथ-साथ पशु-पक्षियों को आवास सुलभ करानेवाले स्थानों की कीमत पर चलनेवाली औद्योगिक प्रगति को बदलकर उसे मानव श्रम, प्रकृति की संगति पर आधारित नहीं करते तब तक अहिंसा अपने सम्पूर्ण सन्दर्भ में अर्थपूर्ण नहीं हो सकती। गांधी जी ने बहुत सोच-समझकर मशीनीकरण की जगह भारत के सदियों पुराने श्रम आधारित उद्योग-ढाँचे को सामने रखा था। उन्होंने सोच-समझकर कहा था कि 'हमें अपने हाथ-पैर से जो काम हो सके, वही करना चाहिए। हाथों-पैरों का इस्तेमाल करने में सच्चा सुख है, इसी में तंदुरुस्ती है।'—सरोज त्रिपाठी कहती हैं कि गांधी जी का पर्यावरणशास्त्र भारत और विश्व के लिए उनके इस समग्र दृष्टिकोण के अनुरूप है कि मनुष्य का अस्तित्व बने रहने के लिए जो अत्यन्त आवश्यक है, केवल वही प्रकृति से माँगा जाए। पर्यावरण के सम्बन्ध में उनके विचार राज-व्यवस्था, अर्थव्यवस्था, स्वास्थ्य और विकास-सम्बन्धी उनके सभी विचारों से घनिष्ठ रूप में जुड़े हुए हैं। उनके सादा जीवन, ग्रामीण स्वायत्तता और स्वावलम्बन पर आधारित ग्राम-केन्द्रित सभ्यता, हस्तशिल्प और कला-केन्द्रित शिक्षा, मानव श्रम पर जोर और शोषक सम्बन्धों को हटाने में पारिस्थितिकीय दृष्टिकोण का तत्त्व शामिल है। उनका प्रसिद्ध वक्तव्य—'धरती के पास सभी की जरूरतों को पूरा करने के लिए पर्याप्त है, किन्तु किसी की लालच के लिए नहीं'—समकालीन पर्यावरणीय आन्दोलनों के लिए नारा बन गया है।

गांधी ने हिंसा के खिलाफ अहिंसा का मार्ग चुना। अहिंसा जीवन को बनाये रखती है जबकि हिंसा उस पर अंकुश लगाती है। केवल एक ही चीज विधिसम्मत है, और वह है—अहिंसा। हिंसा कभी भी विधिसम्मत नहीं हो सकती, अर्थात् मानव निर्मित कानून के अनुसार नहीं, बल्कि प्रकृति द्वारा मनुष्य के लिए बनाये गए कानून

के अनुसार। डॉ. जॉन चेल्लाई दुरै कहते हैं कि कर्म को अहिंसक होना अनिवार्य है जो हिंसा की तुलना में असीम रूप से बेहतर है। उन्होंने माना कि कर्म, फिर वह हिंसक ही क्यों न हो, अकर्मण्यता से बेहतर है। अकर्मण्यता जीवन का अभिशाप है। कायरता है। गांधी ने जोरदार ढंग से कहा : 'जहाँ केवल कायरता और हिंसा के बीच एक विकल्प चुनना हो, मैं हिंसा को ही चुनूँगा।' उन्होंने कहा : 'बहादुर और कायर व्यक्ति के बीच कोई साझेदारी नहीं हो सकती है। हमें कायर लोगों के रूप में जाना जाता है। अगर हम उस कलंक से मुक्त होना चाहते हैं, तो हमें हथियारों का उपयोग सीखना चाहिए।' —महात्मा गांधी ने 1918 में प्रथम विश्वयुद्ध के दौरान ब्रिटिश सेना में भारतीयों की भर्ती होने का समर्थन किया था।

गांधी कर्मवीर थे। गांधी अहिंसा की श्रेष्ठता के बारे में आश्वस्त थे, लेकिन लोग फिर भी उससे दूर थे। इसलिए इस बात पर जोर दिया जाता है कि व्यक्ति कार्य करे, वह भी अहिंसक रूप से जोकि एक बेहतर तरीका है या कम-से-कम हिंसक रूप से ही सही, कार्य करे लेकिन कभी भी गैर-सक्रिय न रहे। उन्होंने गाँव के लोगों को सलाह दी कि वे सेना में शामिल हों, क्योंकि उनकी राय में अज्ञानता और उदासीनता के कारण निष्क्रिय रहने से बेहतर सक्रिय रहना है। इसी तरह, उन्होंने असहाय महिला को अपने शील की रक्षा के लिए अपने नाखूनों और दाँतों का उपयोग करने की सलाह दी और कहा कि 'वे कभी भी शत्रु के आगे नम्रता से प्रस्तुत न हों।' अकर्मण्यता को भी गांधी हिंसा मानते थे।

गांधी ने खुद को प्रैक्टिकल आइडियलिस्ट (व्यावहारिक आदर्शवादी) घोषित किया। गांधी राजनीति में नैतिकता के पक्षधर थे। डॉ. जॉन चेल्लाई दुरै के अनुसार, भारतीय स्वतंत्रता संग्राम का इतिहास स्पष्ट रूप से बताता है कि औपनिवेशिक अधिकार के परिपेक्ष्य में, भारतीय स्वतंत्रता सेनानियों ने निष्ठावान कर्मियों के रूप में शुरुआत की और फिर वे धीरे-धीरे पूर्ण स्वराज की ओर बढ़े। उस समय के भारतीय नेताओं की तरह ही—बाल गंगाधर तिलक, गोपाल कृष्ण गोखले, दादाभाई नौरोजी की तरह—युवा गांधी की भी शुरुआत एक प्रो-ब्रिटिश राष्ट्रवादी के रूप में हुई थी। बोअर युद्ध में अपनी भूमिका पर उन्होंने लिखा : 'मुझे लगा कि अगर मैं ब्रिटिश नागरिक के रूप में अधिकारों की माँग करता हूँ तो यह मेरे कुछ कर्तव्य भी थे, जैसेकि ब्रिटिश साम्राज्य की रक्षा में भाग लेना।' वे साम्राज्यवाद के खिलाफ थे, साम्राज्यवादी के खिलाफ नहीं। सभी लोग भाई हैं। बुराई और घृणा से बचते हुए बुरे से प्रेम करना होगा, स्वयं को बदल सकने की मानवी क्षमता में उनका विश्वास था : 'कोई भी व्यक्ति ऐसा नहीं है जिसे सुधारा न जा सके।'

उनकी सारी निष्ठा तब हिल गई जब निर्दयी रौलेट अधिनियम (मार्च, 1919) ने जलियाँवाला बाग (1919, अप्रैल) में साम्राज्यवाद के घातक इरादे उजागर हुए। गांधी ने तब पहली बार कहा था कि 'यह हमारी सरकार नहीं है, यह असभ्य है। यह सरकार भगवान और मानवता के खिलाफ है।' अहिंसा (प्रेम) के विचार ने उन्हें विरोधी के साथ सहानुभूति रखने के लिए मजबूर किया, विशेष कर जब वह संकट में है (बोअरयुद्ध, विश्वयुद्ध)। लेकिन गांधी जान गए थे कि अंग्रेजों की राजनीति नैतिकता से रहित है। अहिंसा का वास्तविक अर्थ यह है कि हम सशक्त होते हुए भी पशुबल का सहारा न लें, दंड देने की शक्ति रखते हुए भी क्षमा करना सीखें। गांधी की अहिंसा वीरत्व-भावना से रहित नहीं है।

गांधी जी के लिए वीर होने का अर्थ था—धर्ममय जीवन जीने में समर्थ होना और धर्म का ज्ञान रखने में भी समर्थ होना। इसी अर्थ में गांधी का सेनापति होना, उनके धर्मवेत्ता होने का ही पर्याय है। दुनिया में भी और अपने भीतर भी, अधर्म की धारा के विरुद्ध वे धर्म की धारा का सेनापतित्व करना चाहते थे। इसके लिए बल की साधना आवश्यक थी—वह बल, जो आन्तरिक भय और दूसरों के प्रति द्वेष और दोष की अभिव्यक्ति न हो, बल्कि सर्वव्यापी परमसत्ता के प्रति भक्ति की अभिव्यक्ति हो। वह बल, जो सर्वत्र एक ही तेजस को व्याप्त देखे और इसीलिए जो देखनेवाले में अभय का संचार करे। ऐसा बल योग-साधना से ही सम्भव था। इसलिए गांधी जी ने योग-साधना और तपश्चर्या पर निरन्तर बल दिया। गांधी का कहना था कि जहाँ इस्लाम का संगठन फकीरी पर निर्भर है और वर्तमान ईसाइयत का संगठन सैन्य तंत्र पर, तो वहीं हिन्दू संगठन तपश्चर्या पर निर्भर है। रामेश्वर मिश्र 'पंकज' के अनुसार, वे ऐसे ही संगठन को सच्चा हिन्दू संगठन मानते थे जिसमें तपश्चर्या का बल ही मुख्य बल हो। यह तपश्चर्या संसार-त्याग के लिए नहीं, बल्कि धर्म-पुरुषार्थ की सिद्धि के लिए आवश्यक है। उन्होंने सूरत में दर्शनार्थियों को सम्बोधित करते हुए स्पष्ट कहा था कि 'मैं संसार-त्यागी साधु नहीं हूँ। मैं तो एक राजनीतिक व्यक्ति हूँ। मैं लड़ना चाहता हूँ लेकिन मुझे अपनी सेना और अपने शस्त्र तो तैयार करने दीजिए। तभी तो मैं लड़ पाऊँगा।'—यह सेना थी तपश्चर्या पर आधारित आत्मशुद्धि-सम्पन्न सत्याग्रहियों की सेना और इसके शस्त्र थे—ज्ञान और श्रद्धा, जैसाकि गांधी जी ने कहा था : 'ज्ञान की ओर पहला कदम है श्रद्धा, फिर वीर्य, स्मृति, बुद्धि और प्रज्ञा।' ज्ञान ही गांधी जी का शस्त्र और बल था और श्रद्धा उस बल का साधन थी। रामेश्वर मिश्र 'पंकज' कहते हैं कि 'लेकिन श्रद्धा का अर्थ किसी भी रूप में किसी निर्धारित मत के प्रति 'फेथ' नहीं है, बल्कि सर्वव्यापी परमसत्ता के प्रति सतत

विवेक है। योग वशिष्ठ के न्यायप्रकरण को उद्धृत कर उन्होंने कहा था कि 'शास्त्र को भी युक्तिबोधपूर्वक जानना चाहिए और युक्तिबोधपूर्वक कथन यदि अपौरुषेय न भी हो, किसी लौकिक व्यक्ति का हो, तो भी उसे स्वीकार करना चाहिए। जबकि किसी अलौकिक कहे जानेवाले शास्त्र के भी ऐसे वचन को छोड़ देना चाहिए जो न्यायपूर्ण न हो। इस प्रकार धर्म न्याय और ज्ञान का ही दूसरा नाम है। न्याय का अर्थ है—सम्यक् व्यवहार के अनुरूप निर्णय। इसीलिए व्यवहार-शास्त्रज्ञ ही न्यायसेवी हो सकता है। यह व्यवहार किसी पुस्तक अथवा किसी व्यक्ति के द्वारा प्रतिपादित नहीं होना चाहिए, अपितु धर्म के सन्दर्भ में प्रत्येक व्यक्ति, समुदाय, समूह और राष्ट्र का व्यवहार निर्धारित होता रहे और उस व्यवहार के अनुरूप प्रत्येक अपनी मर्यादा में स्थिर रहे, उसका उल्लंघन न करे। उल्लंघन करने पर ऐसा उल्लंघन दूसरों के द्वारा सहा न जाए, यही व्यवहार-शास्त्र का ज्ञान है। इसलिए सत्याग्रह व्यवहार-शास्त्र का अभिन्न अंग है।' स्पष्ट है कि गांधी के तमाम अन्दोलन आध्यात्मिक मूल्यों से ऊर्जा ग्रहण करते हैं।

गांधी की अहिंसावादी सोच में जलियाँवाला बाग नरसंहार का गहरा परिवर्तनकारी असर पड़ा। जलियाँवाला हत्याकांड के बाद गांधी जी के विचारों एवं कार्य-प्रणाली में आमूल परिवर्तन आया। गांधी के असहयोग आन्दोलन का सार था—अंग्रेजी अदालतों, शिक्षण-संस्थाओं, कौंसिलों और विदेशी कपड़ों का बहिष्कार। अंग्रेजी सल्तनत के खिलाफ समग्र वातावरण तैयार हो रहा था। असहयोग आन्दोलन में मुख्यत: स्वावलम्बन एवं संगठन के संकल्प को साकार करने के लिए गांधी जी ने चरखे को स्वावलम्बन का प्रतीक एवं विदेशी वस्त्रों के बहिष्कार के माध्यम से, अंग्रेजी सल्तनत को चक्रव्यूह के दायरे में लाकर, डायरशाही के कृत्य का अहिंसक प्रत्युत्तर देते हुए ब्रिटिशराज के खिलाफ आन्दोलन-सा छेड़ दिया था। वे कहते थे कि 'जो साम्राज्य फौजी शासन के द्वारा फैलाए गए आतंक के लिए जिम्मेदार हो; जो साम्राज्य अपनी गलतियों के लिए पश्चात्ताप करने को तैयार नहीं है; जो साम्राज्य गम्भीरतापूर्वक दिये गए अपने वचनों को भंग करके गुप्त संधियाँ करे, ऐसे साम्राज्य को अधर्मी—ईश्वर का कोई खयाल न रखनेवाला—साम्राज्य ही कहा जा सकता है। अत:, उसके प्रति निष्ठा रखना ईश्वर के प्रति अनिष्ठा होगी।

वे लिखते हैं कि 'हम सरकार की सत्ता को इसलिए चुनौती देते हैं कि हम उसकी शासन-प्रणाली को बिलकुल बुरी प्रणाली मानते हैं। हम इस सरकार का तख्ता उलट देना चाहते हैं। हम उसे लोकमत के आगे झुकने को मजबूर कर देना चाहते हैं। हम यह दिखाना चाहते हैं कि सरकार का अस्तित्व प्रजा की सेवा के

लिए होता है; प्रजा सरकार की सेवा के लिए नहीं होती।'—ब्रिटिश साम्राज्य की अच्छाइयों में गांधी का विश्वास क्रमश: डिगता चला गया। पंजाब की घटनाओं ने गांधी की साम्राज्य-भक्ति को डिगा दिया था। अब वे ऐसे जन-संघर्ष का नेतृत्व करने जा रहे थे, जिसका उद्देश्य देश से विदेशी शासन को समाप्त करना था। जिस साम्राज्य का उन्होंने गौरव-गान किया था, जिस साम्राज्य की लड़ाइयों को, अहिंसावादी होने के बावजूद, अपना मानकर उन्होंने मदद की थी, उसी साम्राज्य के खिलाफ राजद्रोह के अनचाहे रास्ते पर वे आ चुके थे। 'यंग इंडिया' के 15 दिसम्बर, 1921 के अंक में उन्होंने लिखा था : 'लॉर्ड रीडिंग को यह बात समझ लेनी चाहिए कि असहयोग करनेवाले सरकार से जंगी लड़ाई लड़ रहे हैं, और उन्होंने सरकार के खिलाफ बगावत कर दी है।' ये वही गांधी जी थे, जिन्होंने 1915 के अप्रैल महीने में मद्रास की एक सभा में अपार हर्ष के साथ ब्रिटिश साम्राज्य के प्रति अपनी वफादारी को दुहराते हुए कहा कि 'आज की संध्या के इस महान और महत्त्वपूर्ण सम्मेलन में ब्रिटिश साम्राज्य के प्रति पुन: अपनी वफादारी की घोषणा करते हुए मुझे अत्यन्त हर्ष हो रहा है।...और आपके इस साम्राज्य की समृद्धि की कामना करता हूँ।'

वे लिखते हैं कि 'हमारी लड़ाई अंग्रेजों से व्यक्तिश: नहीं है।...हम उस प्रणाली को अवश्य नष्ट करना चाहते हैं जिसने हमारे देशवासियों के शरीर, मन और आत्मा को दुर्बल बना दिया है।'—असहयोग ब्रिटिश राज से किया जा रहा था, लेकिन अंग्रेजों से नफरत या बुरा व्यवहार करने की कड़ी मनाही थी। गांधी ने बार-बार इस बात की घोषणा की थी कि वे किसी भी अंग्रेज के साथ ऐसा व्यवहार नहीं करेंगे, जैसा अपने सगे भाई से नहीं कर सकते। और कई सैद्धांतिक प्रश्नों पर असहयोग तो वह अपने सगे भाई से भी कर चुके थे। वे कहते हैं : 'मैं अपने किसी भी अंग्रेज भाई को शैतान नहीं कहता। मैं श्री शौकत अली और श्री दास को जिस तरह प्यार करता हूँ, उसी तरह अंग्रेजों को भी करता हूँ। लेकिन मैं इतना ही कहता हूँ कि यह शासन शैतान का शासन है। मैं सरकार को सुधारे बिना चैन नहीं लूँगा। मैं बहुत अच्छी तरह जानता हूँ कि मैं आज सरकार के राजद्रोह अधिनियम को भंग कर रहा हूँ। और इसलिए असहयोग करनेवाले सरकार से जंगी लड़ाई लड़ रहे हैं। उन्होंने सरकार के खिलाफ बगावत कर दी है।'

13 अप्रैल, 1919 को अमृतसर समेत जलियाँवाला बाग में अंग्रेजों ने निहत्थे लोगों का जो भयानक नरसंहार किया, उससे गांधी के असहयोग आन्दोलन को दिशा मिली। गांधीवादी असहयोग सत्याग्रह की कारगर और अचूक प्रणाली साबित हुआ।

उत्तेजित घृणा, क्रूरता और हिंसा का गांधी ने कदम-कदम पर सामना कर समाज और दुनिया के सामने यह साबित कर दिया था कि ऐसी कोई हिंसा नहीं है जिसको अहिंसा प्रेम में परिवर्तित नहीं कर देती। सगीर अहमद के अनुसार, राष्ट्रपिता महात्मा गांधी का मूलमंत्र सत्य था। वे अहिंसा के मार्ग को अपनाकर समतामूलक समाज का निर्माण करना चाहते थे। महात्मा गांधी वर्णवाद, क्षेत्रवाद, धार्मिक कट्टरता, ऊँच-नीच, छूत-अछूत जैसी विसंगतियों के प्रबल विरोधी थे, परन्तु अहिंसात्मक तरीके से। गांधी जी ने साम्यवाद का मतलब वर्गहीन समाज से लिया। 'साम्यवाद एक उत्तम आदर्श है और इसके लिए कोशिश अवश्य होनी चाहिए। लेकिन जब इस आदर्श को प्राप्त करने के लिए हिंसा को अपनाने पर बल दिया जाता है तो मेरा रास्ता उससे अलग हो जाता है।' गांधी जी के अनुसार : 'जनता पर जबरदस्ती थोपा जानेवाला साम्यवाद भारत को कभी भी कबूल नहीं है। भारत के साथ उसका सामंजस्य स्थापित नहीं होता। हाँ, अगर साम्यवाद भारत में बगैर हिंसा के आए तो हम उसका स्वागत करेंगे।'—गांधी जी को अटूट विश्वास था कि हिंसा की नींव पर किसी भी स्थायी रचना का निर्माण सम्भव नहीं है। गांधी जी सर्वधर्म समभाव के प्रबल समर्थक थे। भारतीय संस्कृति और सभ्यता पर उनकी गहरी आस्था थी। उन्होंने पाश्चात्य संस्कृति एवं भारतीय संस्कृति के अन्तर को पहचाना था। वे ठीक से पहचानते थे कि भारत की आत्मा और संस्कृति गाँवों में बसती है। उन्होंने गाँवों में छोटे-छोटे उद्योगों की स्थापना पर बल दिया, ताकि करोड़ों लोग रोजगार के साथ-साथ स्वावलम्बी बनकर जी सकें।

गांधी के सपनों का स्वराज्य तब तक हासिल नहीं किया जा सकता, जब तक हर हाथ को काम न मिले। हर हाथ स्वावलम्बी बने तभी जाकर समाज और देश में गांधी के रामराज्य को स्थापित किया जा सकता है। जरूरत इस बात की है क्रि गांधीवाद को समझकर व्यक्तिगत स्तर पर भी उनके कल्याणकारी पक्षों को अमल में लाया जाए। आज जरूरत है कि किसान, मजदूर, आदिवासी, दलित और अल्पसंख्यकों को समाज की मुख्य धारा से जोड़कर गांधीवाद के सपनों और समाज के समतामूलक सिद्धान्त को पूरा किया जाए। अस्मितावादी आन्दोलन के उभार को समझकर इसे समाज और देश के विकास के लिए जोड़ना होगा। गांधीवाद को महलों की कैद से बाहर निकालकर अन्तिम जन तक ले जाना होगा। गांधीवाद को आभिजात्य गांधीवादियों के दायरे से बाहर निकालना होगा। सगीर अहमद के अनुसार, जिस तरह सत्य और अहिंसा गांधी का मूल मंत्र था, वैसे ही रचना और संघर्ष भी उनके जीवन का आधार था। आज फिर संघर्ष को सही दिशा देनी होगी।

तभी गांधी के सपनों का भारत बनाया जा सकता है। जो समानता का पैगाम देता है, इसके लिए गांधी-दर्शन के साथ-साथ भारतीय सभ्यता और संस्कृति को भी समझना जरूरी है। इसके लिए कड़े कदम उठाने होंगे।

गांधी की दृष्टि में कायरता से बढ़कर दूसरा कोई दुर्गुण हो ही नहीं सकता। गांधी ने कहा था : 'यदि मुझे कायरता और हिंसा में से किसी एक को चुनना पड़े तो मैं हिंसा का समर्थन करूँगा।' अन्याय के सामने सिर झुका लेना अहिंसा नहीं है।

सत्याग्रह की विभिन्न प्रणालियाँ अथवा विधियाँ

सत्याग्रह की विभिन्न प्रणालियाँ, विधियाँ या शैलियाँ हैं—जैसे उपवास, हिजरत यानी स्वैच्छिक देशान्तरण (अपनी इच्छा से कोई स्थान या देश छोड़कर कहीं अन्यत्र बस जाना)। गांधी ने देशान्तरण की सलाह उन लोगों को दी जो किसी स्थान-विशेष पर आत्मसम्मान के साथ रहने की स्थिति में न हों; इनके अतिरिक्त हड़ताल, असहयोग तथा सविनय अवज्ञा भी सत्याग्रह के अन्य प्रारूप हैं।

गांधी के असहयोग आन्दोलन का सार यह है कि अन्यायी को यदि जनता का सहयोग मिलना बन्द हो जाए तो शोषण एवं अन्याय ज्यादा दिन नहीं चल सकता। असहयोग आन्दोलन के माध्यम से गांधी ने देशवासियों में निडरता का संचार किया। गांधी जी के सत्याग्रह में सत्य का ही आग्रह था। सत्य की परिभाषा करते समय उन्होंने कहा था कि किसी शब्द पर अनावश्यक जोर देना या किसी शब्द को छुपाना या अनावश्यक बढ़ा-चढ़ाकर कहना—यह सब झूठ की श्रेणी में आता है। गांधी सत्य के ऐसे पुजारी थे, जिन्होंने कहा—सत्य ही ईश्वर है। ईश्वर सत्य है, ऐसा सभी कहते हैं। ऋषि-मुनियों, पीर-पैगम्बरों ने भी कहा है कि ईश्वर सत्य है। इन सबने ईश्वर की सत्ता को स्वीकार किया है। लेकिन गांधी एक ऐसे ईश्वर-भक्त हैं, ऐसे राम-भक्त हैं, जिन्होंने कहा—सत्य ही ईश्वर है। उन्होंने सत्य को ही ईश्वर माना और उसी भक्ति से सत्य का पालन किया—ऐसे सत्य का, जो आग्रह करेगा, वही गांधी के सत्याग्रह की परिभाषा में आएगा। वही सही सत्याग्रह होगा। उसी सत्याग्रह का महत्त्व है। लक्ष्मीदास के अनुसार, कोई भी व्यक्ति कहीं भी सत्याग्रह नहीं कर सकता। यदि करेगा तो उसका प्रभाव सकारात्मक नहीं होगा। नकारात्मक भी हो सकता है। क्योंकि सत्याग्रह के लिए 'सत्य' सत्याग्रह करनेवाले के पक्ष में होना चाहिए। ऐसा कहा गया है, सम्भवत: गांधी जी ने ही कहा है कि 'यदि आप सही हैं तो क्रोध करने की आवश्यकता नहीं और यदि आप गलत हैं तो क्रोध करने में

खैर नहीं। सत्य यदि आपके साथ है तो सत्याग्रह अपेक्षित परिणाम अवश्य देगा।' सत्याग्रह के लिए सत्य तो आपके साथ होना ही चाहिए। इसके अतिरिक्त भी ऐसे बहुत सारे मुद्दे हैं जिनका ध्यान रखना जरूरी है। गांधी के सत्याग्रह की बात करते हैं तो एक बात हमें अवश्य समझ लेनी चाहिए कि सत्याग्रह कोई काम करवाने का या जिद मनवाने का या अपनी बात थोपने का या अपनी आवश्यक या अनावश्यक माँग मनवाने का साधन या हथियार नहीं है। सत्याग्रह तो एक साधना है। गांधी के सत्याग्रह में ऐसे कई उदाहरण हैं जहाँ उन्होंने कहा कि मैं यह सत्याग्रह किसी के विरुद्ध नहीं बल्कि आत्मशुद्धि के लिए कर रहा हूँ। अर्थात आत्मशुद्धि भी सत्याग्रह का एक हिस्सा है। सत्याग्रह में कोई दबाव, स्वार्थ, व्यक्तिगत हित-साधन नहीं होना चाहिए। इन सभी मुद्दों पर स्वयं से पूछना चाहिए, जिसके लिए उपवास बड़ा कारगर है। उपवास से जहाँ शरीर शुद्ध होता है, वहीं मन भी शुद्ध होता है। अन्तरात्मा को शक्ति मिलती है। इस साधना से सचाई के लिए लड़ने की ताकत आती है। इसलिए सत्याग्रह, जहाँ सामनेवाले के हृदय-परिवर्तन के लिए होता है, वहीं स्वयं के हृदय को टटोलने का भी माध्यम है।

सत्याग्रह के सिद्धान्त में सबसे बड़ा कार्य जिस व्यक्ति, व्यक्ति समूह या व्यवस्था के विरुद्ध सत्याग्रह किया जा रहा है, उसके साथ मधुर सम्बन्ध बनाना है। यह बड़ा शुद्ध कार्य है। जिसके विरुद्ध हम लड़ना चाहते हैं, उससे दोस्ती करना, उसके मन में स्थान बनाना, उसके प्रति मित्रता का भाव रखना चाहिए। विरोधी मित्र हो गया तो फिर सत्याग्रह की आवश्यकता क्या रही? लेकिन सत्याग्रह की शर्तों में पहली शर्त यह है कि जिसके विरुद्ध सत्याग्रह करना है, उसके प्रति मन में कोई दुर्भावना नहीं होनी चाहिए। कोई विरोध नहीं होना चाहिए। वैसे भी कोई अपने दुश्मन के विरुद्ध आमरण अनशन करता है तो उसका अर्थ क्या है? जब तक वह दुश्मन है, तब तक वह दुश्मन तो यही चाहेगा कि सत्याग्रह करनेवाला समाप्त हो जाए। दुश्मन को दुश्मन से कोई हमदर्दी नहीं होती। कोई भावनात्मक सम्बन्ध नहीं होता। दुश्मन चाहता है कि मैं मर जाऊँ और मैं आमरण अनशन कर रहा हूँ तो मैं दुश्मन की इच्छा पूरी करने के लिए ही कार्य कर रहा हूँ। प्रयास कर रहा हूँ। जो काम दुश्मन नहीं कर पा रहा है, वह मैं स्वयं उसके लिए कर रहा हूँ। इसलिए दुश्मन के विरुद्ध या विरोधी के विरुद्ध न तो सत्याग्रह हो सकता है और न वहाँ सत्याग्रह करना ही चाहिए। अर्थ स्पष्ट है कि सबसे पहले मित्रता कायम की जाए। अपने मन का विरोध दूर किया जाए। सामनेवाले के मन का विरोध दूर किया जाए। विरोध दूर करने की प्रक्रिया में एक दूसरे की भावनाओं को समझने

का अवसर मिलता है। सामनेवाला यदि मेरी इच्छा के अनुरूप कार्य नहीं कर पा रहा है या मेरी माँग पूरी नहीं कर पा रहा है तो उसकी मजबूरी क्या है, उसकी समस्या क्या है, इस स्थिति को समझ लिया जाए तो हो सकता है कि जिसके विरुद्ध सत्याग्रह किया जा रहा है या जिस विषय को लेकर सत्याग्रह किया जा रहा है, वह विषय है ही नहीं। वह समस्या है ही नहीं। यह जो मुझे समस्या लग रही है, वह सामनेवाले की दृष्टि से समस्या नहीं है या मेरे समझने में कोई चूक है या दृष्टिकोण का फर्क है। एक के लिए जो गिलास आधा खाली है, दूसरे के लिए वह गिलास आधा भरा हुआ है। दृष्टिकोण का अन्तर है। सोच का अन्तर है। एक नकारात्मक सोच का परिणाम है और दूसरा सकारात्मक सोच का परिणाम है। बात एक ही है लेकिन एक ही बात के अलग-अलग सोच के कारक परिणाम भिन्न हो जाते हैं। इसलिए सत्याग्रह के लिए यह आवश्यक है कि वह विषय के हर पहलू को अच्छी तरह समझ ले।

गांधी ने अंग्रेज सरकार के विरुद्ध सत्याग्रह किया। जिस अंग्रेज सरकार के विरुद्ध गांधी लड़ना चाहते थे, उसी अंग्रेज सरकार की प्रथम विश्वयुद्ध में गांधी ने पूरी सहायता की और स्वयं घायलों को स्ट्रेचर पर ढोया। विरोधी समझे जानेवाले को इस तरह का सहयोग स्वयं में एक आश्चर्यजनक घटना है। उस समय भी कई लोगों को लगता था कि दुश्मन जब मुसीबत में है तो उसकी मदद करने की बजाय उसकी मुसीबत को अधिक बढ़ाना चाहिए ताकि अपना उद्देश्य आसानी से पूरा हो सके। यह आम व्यक्ति की सोच है। लेकिन गांधी जी आम होते हुए भी खास थे, इसलिए वह इतिहास बना सके। इतिहास सुननेवाले लाखों होते हैं, इतिहास पढ़नेवाले हजारों होते हैं लेकिन इतिहास बनानेवाले कोई इक्का-दुक्का ही होते हैं। गांधी इतिहास रचयिता थे। लकीर से हटकर काम करनेवाले थे। हालाँकि गांधी ने कई बार कहा है कि वे जो भी कर रहे हैं या कह रहे हैं, वह कोई नया नहीं है। फिर भी उन्होंने जो किया या कहा है, वह नया ही था। सत्याग्रह का जो स्वरूप गांधी ने जनता के सामने रखा, जिस सत्याग्रह के सामने अंग्रेज सरकार भी लाचार हो जाती थी, वह कौन-सा सत्याग्रह था, यह जब हमारी समझ में आ जाएगा या जिसकी समझ में आ जाएगा, वह सच्चा सत्याग्रही बन जाएगा।

सत्याग्रह आजादी के आन्दोलन के इतिहास में स्वर्णिम अक्षरों में लिखा जानेवाला राजनीतिक अनुष्ठान है, जिसका व्यापक और सकारात्मक प्रभाव देश की आजादी की लड़ाई पर पड़ा। लक्ष्मीदास गांधी के व्यक्तिगत सत्याग्रह की सामाजिक सत्याग्रह में व्याप्ति को ठीक ही विश्लेषित कर देते हैं।

1920 के असहयोग आन्दोलन में ये बातें शामिल थीं—सरकारी विद्यालयों, अदालतों एवं विधानमंडलों का बहिष्कार किया जाए। सरकार द्वारा दी गई उपाधियों को लौटा दिया जाए तथा विदेशी माल का बहिष्कार किया जाए। ये असहयोग आन्दोलन के कुछ नकारात्मक पहलू हैं जिनका गांधी ने रचनात्मक एवं अचूक इस्तेमाल किया—राष्ट्रीय शिक्षालयों एवं पंचायती अदालतों की स्थापना, स्वदेशी का प्रचार, हिन्दू-मुस्लिम एकता तथा कमजोर एवं पिछड़ी जातियों का उद्धार इत्यादि गांधीवादी सत्याग्रह के प्रभावी रचनात्मक पक्ष थे।

सविनय अवज्ञा को गांधी ने सबसे ज्यादा प्रभावशाली शस्त्र बतलाया। सविनय अवज्ञा का अर्थ है—राज्य के कानूनों को मानने और कर आदि देने से इनकार कर देना। इस कार्रवाई को एक प्रकार के विद्रोह की संज्ञा दी जा सकती है। इसलिए गांधी इसे अन्तिम शस्त्र के रूप में ही प्रयोग में लाए। 12 मार्च, 1930 को गांधी ने अपने कुछ साथियों के साथ साबरमती आश्रम से डांडी नामक स्थान की ओर कूच किया और समुद्र के किनारे नमक बनाकर 'नमक कानून' तोड़ा। इसके बाद सविनय अवज्ञा आन्दोलन बड़ी तेजी से फैल गया। आन्दोलनकारियों के साथ सरकार ने बड़ी क्रूरता का व्यवहार किया। इससे आन्दोलन अधिक प्रखर एवं प्रभावी हो गया। साम्राज्यवादी इससे घबरा गए।

सत्याग्रही किन सिद्धान्तों को ग्रहण करें—यह एक महत्त्वपूर्ण प्रश्न था इसलिए सत्याग्रह करने वालों के लिए गांधी ने एक कठोर नैतिक संहिता निर्धारित की। पहला, निजी लाभ के लिए सत्याग्रह का आश्रय नहीं लेना चाहिए। सत्याग्रह तो सार्वजनिक हितों की पूर्ति का साधन है। सत्याग्रह वास्तव में किसी बुराई एवं अन्याय के निराकरण के लिए किया जाता है। दूसरे, सत्याग्रह और अहिंसा आपस में जुड़े हुए हैं। सत्याग्रह में सिर्फ प्रेम और बलिदान की भावना होती है। सत्याग्रह करने पर राज्य द्वारा जो दंड मिले, उसे खुशी-खुशी स्वीकार करना चाहिए। गांधी ने कहा था : 'सुधारकों को बिना विचलित हुए गोली का सामना करने के लिए तैयार रहना चाहिए।' उन्हें अपनी जान बचाने के लिए भागना या छिप जाना शोभा नहीं देता। तीसरे, सत्याग्रही को 'दुष्टता' और 'दुष्ट' के बीच अन्तर करना होगा। वह बुराई का प्रतिकार अवश्य करे, पर बुरे व्यक्ति के प्रति उसके मन में कोई दुर्भावना नहीं होनी चाहिए। चौथे, गांधी का विश्वास था कि भगवान में निष्ठा होने से सत्याग्रही को अपने उद्‌देश्य में सफलता मिलेगी। रामधारी सिंह दिनकर ने कहा है : 'गांधी जी राजनीति के पुरुष नहीं थे। वे धर्म के नेता, मनुष्य के उद्धारक और नये मूल्यों के संस्थापक थे। गांधी जी शुद्ध धार्मिक मनुष्य थे, जिन्हें राजनीति के

वेश में रहना पड़ा।' असल में गांधी की राजनीति संस्कृति, अध्यात्म और धर्म का संश्लेषण है।

सत्याग्रह और अहिंसा पर आधारित राजनीति के सन्दर्भ में गांधी के विचारों की प्रासंगिकता आज कई मायनों में बढ़ गई है। गांधी पेशेवर राजनीतिक नहीं, एक श्रेष्ठ समाज-सुधारक थे। उन्होंने साम्प्रदायिकता, जातिवाद और छुआछूत के विरुद्ध अथक अभियान चलाया। आर्थिक क्षेत्र में गांधी की यह शिक्षा बड़ी महत्त्वपूर्ण थी कि खादी एवं कुटीर उद्योगों का विकास किए बिना भारत की विशाल जनसंख्या का उद्धार सम्भव नहीं। बेरोजगारी और गरीबी की समस्या का समाधान श्रम-प्रधान उद्योगों के बिना कठिन है।

गांधी के तमाम आन्दोलन आज की समस्याओं के सन्दर्भ में सही, सच्ची और सीधी राह दिखा सकते हैं। गांधी के चम्पारण आन्दोलन के सन्दर्भ में अरविंद मोहन कहते हैं कि 'गांधी के इस आन्दोलन में न कहीं लाठी चली, न बन्दूक, न किसी को लम्बी जेल भुगतनी पड़ी, न जानलेवा अनशन करना हुआ, न चन्दा हुआ, न दिखावे का खर्च करना पड़ा। गांधी ने चम्पारण से एक भी पैसा चन्दा नहीं जुटाने दिया। और कहना न होगा कि आज स्थितियाँ चम्पारण से कई गुना ज्यादा खराब हैं और हमें ठीक एहसास भी नहीं है।'

गांधी के आन्दोलन राजनीतिक लाभ लेने के लिए किये गए दुष्कर्म नहीं थे।

गांधी द्वारा चलाया गया सत्याग्रह या असहयोग आन्दोलन अपनी तरह का एक अनोखा आन्दोलन था, जिसने देशवासियों में निडरता का संचार किया। गांधी ने एक ऐसा आन्दोलन चलाया, जिसमें किसान, मजदूर और छात्र-छात्राएँ, वकील, प्राध्यापक और सभी पेशेवर लोग शामिल थे। हजारों की तादाद में महिलाएँ भी मैदान में कूद पड़ीं। महिलाओं के लिए गांधी ने दिशा-निर्देश दिया था कि वे शराब की दुकानों, अफीम के ठेकों और विदेशी कपड़े की दुकानों के सामने धरना दें। युवकों, स्त्रियों, वंचितों ने असहयोग आन्दोलन में जमकर भाग लिया।

सत्य और अहिंसा के जिस अनुपम हथियार का गांधी ने उपयोग किया, आज सिर्फ भारत को ही नहीं, सारी दुनिया को उसकी आवश्यकता है। भारत में अहिंसा युग-युग से प्रतिष्ठित या मान्य थी, पर गांधी से पहले किसी ने भी इतने बड़े आन्दोलनों के लिए अहिंसा का प्रयोग नहीं किया था।

प्रश्न यह है कि आज गांधीवादी दर्शन कितना प्रासंगिक है? उदारीकरण के दौर में चरखा, खादी और स्वदेशी के विचार बहुत अर्थपूर्ण नहीं रह गए हैं। हम

औद्योगिकीकरण की नितांत पाश्चात्य नीतियों को अपना रहे हैं और शासक वर्ग भी विकास के पश्चिमी मॉडल को ही सही मानता है। परन्तु यदि हमें विकेन्द्रीकरण के ही रास्ते पर जाना है तो इसके दुष्परिणामों को भोगने के लिए भी तैयार रहना चाहिए। आज जिस विकास की बात की जा रही है, वह मात्र तीन प्रतिशत लोगों तक ही सिमटकर रह गया है। इसलिए स्वदेशी, ग्रामीण रोजगार और अपरिग्रह के लिए गांधी का आग्रह कभी अप्रासंगिक नहीं होगा। इसके अतिरिक्त चाहे 'नर्मदा बचाओ आन्दोलन' हो या 'चिपको आन्दोलन', सबके मूल में गांधी का तरीका और विचार ही है। इसलिए सरकारें और आर्थिक नीतिकार यदि गांधी को भुला भी दें तो जन-आन्दोलनों में वे हमेशा जिंदा रहेंगे।

रामराज्य : जनता का राज्य

गांधी के रामराज्य को यूरोपियन या कवि-कल्पना मानने वाले कम नहीं थे। लेकिन असल में यह बेहद ठोस अवधारणा है। जनता का सर्वांगीण विकास करने में सक्षम यह ऐसी शासन-व्यवस्था की चाहत थी जो अहिंसा और प्रेम पर चलती हो और जहाँ कोई वर्ग शोषण का शिकार नहीं हो। शासन और शासित यानी जनता जहाँ अधिकारों से पहले अपने कर्तव्यों का पालन करे, दायित्वों का निर्वाह करे, वही रामराज्य है। गांधी ने राज्य एवं शासन के दायित्वों के सम्बन्ध में 'प्रजाहित' की दृष्टि से विचार किया है। इसका सबसे बड़ा प्रमाण उनकी ऐतिहासिक महत्त्व की पुस्तक 'हिन्द स्वराज' में मिलता है। सन् 1909 ई. में लिखी इस पुस्तक में औपनिवेशिक शासन का यथार्थ हो या स्वराज यानी रामराज्य का सपना, उसके अच्छे -बुरे होने का मानदंड वे प्रजा की दशा-दुर्दशा में ही रेखांकित करते हैं। इस छोटी-सी किताब में वे कई बार 'प्रजा' शब्द का इस्तेमाल करते हैं :

(क) 'स्वराज पाने की इच्छा रखनेवाली प्रजा अपने बुजुर्गों का तिरस्कार नहीं कर सकती' (हिन्द स्वराज, सन् 1909 ई., पृ. 07)।

(ख) 'महसूल का हक प्रजा को होना चाहिए' (वही, पृ. 22)।

(ग) 'लेकिन बंगाल के दो टुकड़े करने का विरोध करने के लिए प्रजा तैयार थी। उस वक्त प्रजा की भावना तेज थी। उस समय बंगाल के बहुतेरे नेता अपना सब कुछ न्यौछावर करने को तैयार थे। अपनी सत्ता, अपनी ताकत को वे जानते थे। इसलिए तुरन्त आग भड़क उठी। अब

> वे बुझनेवाली नहीं हैं। वे टुकड़े कायम नहीं रहेंगे, बंगाल फिर एक हो जाएगा। ज्यों-ज्यों दिन बीतते जाते हैं, त्यों-त्यों प्रजा तैयार होती जाती है। प्रजा एक दिन में नहीं बनती; उसे बनाने में कई बरस लग जाते हैं' (वही, पृ. 52)।

साफ तौर पर 'हिन्द स्वराज' में गांधी ने स्वराज, स्वतंत्रता, राज्य, राष्ट्र, देश, शासन आदि के परिपेक्ष्य में सर्वाधिक महत्त्व प्रजा को दिया है। राजा, शासक या चंद अघाए लोगों के हित को साधनेवाली उनकी अवधारणा न राज्य है, न राष्ट्र—वह तो समस्त प्रजा का हित साधनेवाली है, जिसके अन्तर्गत किसान, कारीगर, अन्य श्रमजीवी आदि समस्त सामान्य जन हैं। उनकी दृष्टि में प्रजा खुशहाल है, तो वह राज्य या राष्ट्र भी खुशहाल, सम्पन्न है और अगर प्रजा गरीब, निर्बल, फटेहाल है, तो राज्य या राष्ट्र भी दरिद्र, निर्बल एवं पिछड़ा हुआ है। राष्ट्र-समाज के सबसे निचले पायदान पर खड़े व्यक्ति से गांधी देश-दशा का विश्लेषण करते हैं।

गांधी मानते हैं कि हिंसक या रक्तपातहीन क्रान्तियों के जरिये पाई गई आजादी या सुधारवादी कार्यों से यदि प्रजा का उद्धार और कल्याण नहीं होता, तो वह बेकार है। प्रजा के प्रति निष्ठावान न रहने के कारण ही गांधी ने ब्रिटिश पार्लियामेंट को 'बाँझ' एवं 'वेश्या' तक कह दिया था। देशी राजाओं द्वारा प्रजा का दमन उन्हें बर्दाश्त नहीं था। यह प्रजा-भाव उनके स्वदेशी का केन्द्रबिन्दु है। उनके अनुसार, सार्थक शिक्षा वही है जो प्रजा-हित में आदमी को प्रवृत्त करती है। आधुनिक युग में गांधी ने प्रजा-उद्धार यानी सामान्य जन के कल्याण का जो राजनीतिक विमर्श प्रस्तावित किया, उसका क्रियात्मक पक्ष राष्ट्रीय आन्दोलन है।

गांधी का 'हिन्द स्वराज' असल में भारतीय संस्कृति को बसाने-रचाने वाले साजोसामान की फेहरिस्त है, 'जिसे हम भारतीय पुनजार्गरण कहते हैं।' उसमें दो आवाजें हैं : एक तो राममोहन राय से तिलक तक गूँजती सुनाई पड़ती है। उसमें अतीत गौरव का पुनराह्वान है। उसके नैरन्तर्य का वेदांती उद्‌घोष है और पश्चिम की ज्ञान-सम्पदा से लाभ उठाते हुए अपनी संस्कृति के नवीकरण की आकांक्षा भी। मार्क्सीय शब्दावली में कहें तो यह दौर हिन्दुस्तानी तहजीब को अपने 'सुपरस्ट्रक्चर' की ओर ध्यान दिलाने का दौर है। दूसरा दौर वह है, जिसकी शुरुआत का शंखनाद 'हिन्द स्वराज' में सुनाई देती है। यहाँ वेद-वेदांत की दुहाई नहीं है। यहाँ संस्कृति के 'सुपरस्ट्रक्चर' की जगह उसके 'इन्फ्रास्ट्रक्चर' का आह्वान किया जा रहा है बल्कि इस दौर में 'इन्फ्रास्ट्रक्चर' ही जैसे गांधी के रूप में मूर्तिमान होकर बोलने लगा है। नीरद चौधरी तक ने अपनी 'आत्मकथा' में महात्मा गांधी को भारत के

'इंटरनल प्रोलेतारियत' का सबसे गहरा, सबसे प्रामाणिक प्रतिनिधि स्वीकार किया है। 'हिन्द स्वराज' में गूँजते इस ओजस्वी स्वर के पीछे वह विराट और प्रवंचित जीवन-परम्परा है जो लेखक के शब्दों में 'असली भारत है। उस पर न अंग्रेज राज कर सके, न आप राज कर सकेंगे'।...यह उस हिन्दुस्तान की 'उसी लो, बट इंडिस्ट्रक्टिबल फार्म ऑफ लाइफ' की आवाज है जो निरक्षर होते हुए भी संस्कारी है; जो नालंदा, हड़प्पा और वेद के मैक्समूलरी संस्करणों से अनभिज्ञ होते हुए भी भारतीय सभ्यता के आधारभूत मूल्यों से चिपका हुआ है। तभी तो लेखक कह सकता है इसी आत्मविश्वास के बल पर कि 'हिन्दुस्तान के हितचिन्तकों को चाहिए कि वे हिन्दुस्तान की सभ्यता से, बच्चा जैसे माँ से चिपटा रहता है, वैसे चिपटे रहें। इसलिए कि यह एक ऐसी सभ्यता है जिसका बल सत्याग्रह का, आत्मबल का या करुणा का बल है' (रमेशचंद्र शाह—अगुन-सगुन बिच, पृ. 163-64)। भारतीय संस्कृति और सभ्यता में अन्तर्भुक्त करुणा और सत्याग्रह की ताकत को पहचानकर गांधी ने उसका कूटनीतिक इस्तेमाल किया है।

रूसी क्रान्ति से प्रेरणा पाकर भारत में भी पढ़े-लिखे युवक उसी तर्ज पर सामाजिक परिवर्तन लाने के लिए मचल रहे थे लेकिन लगभग बीस वर्षों तक दक्षिण अफ्रीका में नस्लवाद, रंगभेद के खिलाफ संघर्ष करनेवाले मोहनदास करमचंद गांधी ने भारत में शोषण, दमन पर टिकी औपनिवेशिक शासन-व्यवस्था को अपदस्थ करने के लिए वर्ग-संघर्ष के बजाय वर्ग-समन्वय का सूत्र अपनाया। किसान, मजदूर, बुद्धिजीवी, वकील, जमींदार, पूँजीपति आदि सबको अपने नेतृत्व में संगठित कर एक समन्वित शक्ति को पैदा किया और 1920 में पूरे देश में ब्रिटिश राज के विरुद्ध असहयोग का आन्दोलन छेड़ा।

गांधी के पहले भी विभिन्न संगठनों द्वारा देश के विभिन्न भागों में ब्रिटिश शासन के खिलाफ विद्रोह होते रहे थे लेकिन पूरे देश में व्यापक जनविद्रोह असहयोग के रूप में गांधी की इस समन्वयकारी प्रवृत्ति के कारण ही सम्भव हो सका। जैसे तुलसी ने अपने काव्य में रावण-राज्य में सताए जा रहे संत, ऋषि-मुनि से लेकर सामान्य जन तक को राम के नेतृत्व में संगठित कर समन्वित शक्ति को पैदा किया, उसी तरह गांधी ने भी ब्रिटिश शासन द्वारा सताए जा रहे पूँजीपति, जमींदार, किसान, मजदूर, बुद्धिजीवी—सभी भारतीयों को गुलाम प्रजा मानते हुए आपस में मिलकर समवेत रूप से उसके खिलाफ संघर्ष करने के लिए प्रेरित किया और जब तक देश को आजादी नहीं मिल गई, तब तक वे इसी समन्वय मार्ग पर राष्ट्रीय आन्दोलन का नेतृत्व करते रहे।

1925 में स्थापित भारतीय कम्यूनिस्ट पार्टी वर्ग-संघर्ष के रास्ते यह काम करना चाहती थी, मुस्लिम लीग एवं हिन्दू महासभा जैसे संगठन मजहबों के आधार पर अपने-अपने सम्प्रदायों के लिए अधिकर प्राप्त करना चाहते थे, डॉ. भीमराव अम्बेडकर अस्पृश्य जातियों के अधिकारों के लिए आन्दोलनरत रहे, किसान सभा किसानों के लिए, तो मजदूर संगठन मजदूरों के लिए सक्रिय थे, लेकिन गांधी एकमात्र नेता थे जो सभी सम्प्रदायों, सभी वर्णों, सभी वर्गों, सभी स्त्री-पुरुषों को समन्वित कर औपनिवेशिक दासता-विरोधी संघर्ष में पूरे देश का नेतृत्व करते रहे और यही कारण था कि विभिन्न वर्गों, सम्प्रदायों को संगठित कर पूरे देश में जन-जागृति लाने में जो कामयाबी उन्हें मिली, वह किसी संगठन या नेता को नहीं मिल पाई। जो लोग गांधी पर पूँजीपतियों या जमींदारों के पक्षधर होने का आरोप लगाते हैं, उन्हें विश्व-प्रसिद्ध फ्रांसीसी लेखक रोम्यां रोलां के इस कथन पर ध्यान देना चाहिए : 'उनके साथ बातें करके मुझे ऐसा ही लगा है। वे विनयी और दृढ़ हैं, सामाजिक कार्यों के बारे में किसी भी अनुमान को हमेशा बड़े मनोयोग से जाँच कर देखते हैं और उपलब्ध सत्य के आधार पर एक के बाद दूसरा परीक्षण करते चलते हैं लेकिन वे दूसरी तरह के परीक्षणों अथवा अन्य अभिज्ञताओं को प्राप्त करने के लिए भी सदा तैयार रहते हैं और जाँच कर उनको देखने के बाद जरूरत होने पर उसी के आलोक में अपनी कार्य-पद्धति बदलने को भी राजी रहते हैं। वे अपने जीवन को कभी सजा-सँवार नहीं सके लेकिन अगर वे दस बरस और बचे रहे, तो सामाजिक क्षेत्र में उन्हें बहुत बड़े-बड़े काम करते देखा जाएगा—मेरी तो यही धारणा है। तब तक ब्रिटिश पूँजीवाद और साम्राज्यवाद के विरुद्ध उनका युद्ध समाप्त हो चुकेगा और भारतीय पूँजीपतियों और साम्राज्यवादियों के खिलाफ एक नये युद्ध में वे अपने देश की जनता को खड़ा करेंगे। उस समय इस तरह का परिवर्तन जिन्हें अप्रत्याशित जान पड़ेगा, उन्होंने गांधी को समझने की चेष्टा नहीं की है। इंग्लैंड के खिलाफ भारत का सम्मिलित मोर्चा कायम रहे, इसके लिए उनका वर्तमान रणकौशल उद्योगशील है' (रोम्यां रोलां—महात्मा गांधी : जीवन और दर्शन, पृ. 223-24)। रोम्यां रोलां का यह कथन गांधी की समन्वयकारी रणनीति का पूरी तरह खुलासा कर देता है। उन्होंने साम्राज्यवाद विरोधी मुहिम को सशक्त, व्यापक बनाने के लिए जो रणकौशल अपनाया, उसमें यहाँ के जमींदार, पूँजीपति, सवर्ण—सबके सहयोग की आवश्यकता थी। ऐसा नहीं था कि गांधी जमींदारों द्वारा किसानों के, पूँजीपतियों द्वारा मजदूरों के शोषण से, शूद्र जातियों के प्रति सवर्णों के अमानुषिक आचरण से अवगत नहीं थे किन्तु मुसीबत यह थी कि अगर जमींदारी उन्मूलन को वे अपना

एजेंडा बनाते तो उन्हें जमींदार वर्ग का सहयोग नहीं मिलता। पूँजीपतियों के विरुद्ध मोर्चा लेते तो पूँजीपति अलग हो जाते। वर्ण-व्यवस्था विरोधी आन्दोलन चलाते तो सवर्ण उनसे कट जाते। तब वे आन्तरिक कलह एवं मतभेदों में उलझकर रह जाते और साम्राज्यवाद निर्विघ्न रूप से फलता-फूलता रहता। चूँकि गांधी की प्राथमिकता थी कि पहले स्वराज्य प्राप्त कर लिया जाए, तत्पश्चात राजसत्ता का इस्तेमाल सामाजिक, आर्थिक गैर-बराबरी को दूर करने के लिए किया जाए या फिर उनके विरुद्ध जरूरत पड़े तो आन्दोलन चलाया जाए। अपनी इस रणनीति पर चलते हुए ही गांधी जी ने सभी वर्गों, वर्णों, सम्प्रदायों को यथाशक्ति अपने राष्ट्रीय आन्दोलन में अन्तर्भुक्त करते हुए एक समन्वित शक्ति पैदा की जिसने आखिरकार ब्रिटिश राज को यहाँ से बोरिया-बिस्तर समेटकर जाने को बाध्य किया।

गांधी की इस समन्वय-शैली के महत्त्व को स्वीकार करते हुए प्रसिद्ध वामपंथी बुद्धिजीवी पत्रकार निखिल चक्रवर्ती 'गांधी के सन्देश में थी सबके मन की बात' शीर्षक लेख में कहते हैं : 'गांधी जी का आन्दोलन और ज्यादा विस्तृत था। इसमें देश के सभी वर्गों और विविध क्षेत्रों को सक्रिय करने की कोशिश की गई थी। प्रभावशाली वर्ग से लेकर गरीबों तक और बुद्धिजीवियों से लेकर निरक्षरों तक—किसी को भी नहीं छोड़ा गया था। स्वतंत्रता के लिए गांधी जी के आन्दोलन की खासियत यह थी कि यह न सिर्फ बहुत ज्यादा व्यापक था बल्कि इसमें विदेशी शासकों की शक्ति के बारे में यह बताया गया कि लोगों के शक्ति-प्रदर्शन से अगर विदेशी शासकों को खदेड़ा जा सका तो देश कितनी तरक्की करेगा' (जनसत्ता, 19 फरवरी, 1995)। गांधी ने देश के सभी वर्गों को आपसी मतभेदों को भूलकर ब्रिटिश दासता के विरुद्ध लामबन्द होने की आवश्यकता का जिस तरह एहसास कराया, उससे बहुत सारे मतभेद क्षीणकाय हो गए। समाप्त हो गए।

बीसवीं सदी में गांधी समन्वय का राजनीतिक संस्करण बनकर सामने आए जिसने साम्राज्यवाद के विरुद्ध वर्ग, वर्ण, सम्प्रदाय आधारित संगठनों की तुलना में अत्यधिक व्यापक स्तर पर शक्तिशाली प्रतिरोध उत्पन्न किया जिसके परिणामस्वरूप ब्रिटिश राज के रूप में विद्यमान रावण-राज्य का पटाक्षेप हुआ।

भारतीय राजनीति में सक्रिय होने से पूर्व गांधी दक्षिण अफ्रीका में नस्लभेद के विरुद्ध अहिंसक तरीके से जबर्दस्त लड़ाई लड़ चुके थे और वहाँ रहते हुए ही हिन्दुस्तान के स्वराज्य का सवाल उनकी सोच का अभिन्न अंग बन चुका था। उनके इस सोच की अभिव्यक्ति ही उनके द्वारा लिखित 'हिन्द स्वराज' नाम की पुस्तक के रूप में सामने आई। वैसे स्वराज्य या स्वदेशी का अहसास गांधी से पहले भी

भारतीय बौद्धिक जगत में हो चुका था। औपनिवेशिक शासन तंत्र ने भारत की कैसी बदहाली कर रखी थी, इसका पर्दाफाश दादाभाई नौरोजी 'ड्रेन थ्योरी' के जरिये कर चुके थे। रमेशचन्द्र दत्त, विलियम डिबी, सखाराम गणेश देउस्कर जैसे लेखक अपने अर्थशास्त्रीय विश्लेषण से ब्रिटिश शासन द्वारा भारत के आर्थिक दोहन के प्रति लोगों को आगाह कर चुके थे। भारतेन्दु हरिश्चंद्र 'अंग्रेज राज सुख साज सजे भारी, पै धन विदेश चली जात यही अति ख्वारी' जैसी उक्ति से देश के आर्थिक दोहन की तरफ संकेत कर चुके थे, साथ ही अपनी पत्रिका 'कवि वचनसुधा' के सिद्धान्त वाक्यों में 'स्वत्व निज भारत गहै' जैसे पद को शामिल कर भारत के भावी स्वराज्य की आकांक्षा व्यक्त कर चुके थे।

लोकमान्य तिलक ने 'स्वराज्य हमारा जन्मसिद्ध अधिकार है' की उद्घोषणा कर भारत के राजनीतिक जीवन में एक जबर्दस्त आलोड़न पैदा कर दिया था। अन्य बौद्धिक भी स्वाधीन भारत के सपने अपने-अपने ढंग से देखते रहे थे लेकिन भारत के स्वराज्य की कोई मुकम्मल तसवीर किसी बौद्धिक द्वारा प्रस्तुत नहीं की जा सकी। इस कार्य को सम्पन्न किया गांधी ने 1909 में 'हिन्द स्वराज' जैसी पुस्तक लिखकर। यह पुस्तक सही अर्थ में औपनिवेशिक दासता से मुक्त होकर एक स्वाधीन राष्ट्र के रूप में भारत द्वारा आर्थिक, राजनीतिक, सामाजिक, सांस्कृतिक, शैक्षिक एवं भाषिक स्तरों पर निष्पादित किये जानेवाले कार्यक्रमों का पहला खाका या 'ब्लूप्रिंट' थी।

प्रसंगवश उल्लेखनीय है कि 'हिन्द स्वराज' में गांधी ने ब्रिटिश शासन द्वारा थोपी गई अंग्रेजी भाषा एवं शिक्षा के बदले भारतीय शिक्षण-परम्परा में शिक्षा-पद्धति को ढालने तथा पश्चिम के यंत्र आधारित उद्योग-शिल्प के स्थान पर भारतीय परम्परा से चले आ रहे चरखे जैसे कुटीर उद्योगों के जरिये आर्थिक स्वावलम्बन पाने की योजना प्रस्तुत की थी। अंग्रेजी शिक्षा की आलोचना करते हुए गांधी ने लिखा : 'करोड़ों लोगों को अंग्रेजी की शिक्षा देना उन्हें गुलामी में डालने जैसा है। मैकॉले ने शिक्षा की जो बुनियाद डाली, वह सचमुच गुलामी की बुनियाद थी। यह कितने दुःख की बात है कि हम स्वराज की बात भी परायी भाषा में करते हैं। अंग्रेजी शिक्षा को लेकर हमने अपने राष्ट्र को गुलाम बनाया है। अंग्रेजी से दम्भ वगैरह बढ़े हैं। अंग्रेजी शिक्षा पाए हुए लोगों ने प्रजा को ठगने में, उसे परेशान करने में कुछ भी उठा नहीं रखा है' (महात्मा गांधी—हिन्द स्वराज्य, अनु. अमृतलाल ठाकोरदास नानावटी, पृ. 90-91)। अंग्रेजों ने कितनी चालाकी से भाषा और शिक्षा को मानसिक गुलामी का औजार बनाया, इसे गांधी ने सबसे पहले पहचाना था।

अंग्रेजी शिक्षा को अनिष्टकारी बताते हुए गांधी ने भारत के लिए जिस शिक्षा एवं भाषा की हिमायत की, वह इस प्रकार की थी : 'सबसे पहले तो धर्म की शिक्षा या नीति की शिक्षा दी जानी चाहिए। हर एक पढ़े-लिखे हिन्दुस्तानी को अपनी भाषा का, पारसी को फारसी का और सबको हिन्दी का ज्ञान होना चाहिए। कुछ हिन्दुओं को अरबी और कुछ मुसलमानों और पारसियों को संस्कृत सीखनी चाहिए। सारे भारत के लिए जो भाषा चाहिए, वह तो हिन्दी ही होनी चाहिए। उसे उर्दू या नागरी लिपि में लिखने की छूट रहनी चाहिए। हिन्दू-मुसलमानों के सम्बन्ध ठीक रहें, इसलिए बहुत से हिन्दुस्तानियों के लिए इन दोनों लिपियों को जान लेना जरूरी है' (वही, पृ. 92)। जाहिर है, गांधी अपने सपनों के स्वराज्य में भारत में सदियों से चली आ रही ऐसी शिक्षा एवं भाषा का चलन देखना चाहते थे जो यहाँ के विभिन्न धर्मावलम्बियों को आपस में जोड़नेवाली एवं नीति के मार्ग पर ले चलनेवाली हो। ध्यान रहे, गांधी के लिए नीति का अर्थ था मन एवं इन्द्रियों को वश में करना। गौरतलब है उनका यह कथन : 'सभ्यता वह आचरण है जिससे आदमी अपना फर्ज अदा करता है। फर्ज अदा करने के मानी हैं—नीति का पालन। नीति के पालन का मतलब है—अपने मन और इन्द्रियों को वश में रखना। यही सभ्यता है। इससे जो उल्टा है, वह बिगाड़ करनेवाला है' (वही, पृ. 62)। इस प्रकार देखा जाए तो गांधी जी जीवन पर्यन्त 'हिन्द स्वराज' में कही बातों का ही, मामूली फेर-बदल के साथ, पल्लवन करते रहे। इस क्रम में जो एक शब्द उनकी स्वराज्य सम्बन्धी परिकल्पना से जुड़ा, वह था : 'रामराज्य'। यह बात विशेष रूप से ध्यान रखने योग्य है कि जब 1920 में गांधी ने स्वराज्य-प्राप्ति के ध्येय से राष्ट्रव्यापी असहयोग-आन्दोलन चलाया, तो उसी दौर में वे स्वराज्य के समानार्थी प्रर्यायवाची शब्द के रूप में 'रामराज्य' शब्द का प्रयोग करते दिखाई देते हैं। इस आन्दोलन को सफल बनाने के लिए गांधी ने राष्ट्रव्यापी दौरा किया एवं अपने भाषणों एवं लेखों के जरिये जनता में ब्रिटिया राज के विरुद्ध जागृति पैदा करने का कार्य किया। इसी क्रम में कई अवसरों पर उन्होंने ब्रिटिश राज की जगह पर रामराज्य लाना अपने आन्दोलन का उद्देश्य घोषित किया।

ब्रिटिश राज को राक्षसी राज्य के रूप में देखने की दृष्टि गांधी को तुलसी की रामायण (रामचरितमानस) से मिली और उसके विकल्पस्वरूप उन्हें तुलसी से ही मिली 'रामराज्य' की परिकल्पना—जिसका प्रयोग वे स्वराज्य के लिए करने लगे। द्रष्टव्य है 4 नवम्बर, 1920 को नासिक में दिये उनके भाषण का यह अंश : 'आजकल जो हुकूमत हम पर शासन कर रही है, वह केवल राक्षसी है। मैं उसे

रावण-राज्य कहता हूँ। ऐसी राक्षसी हुकूमत में रहनेवाली रैयत क्या करे? तुलसीदास ने कहा है कि जो असंत हैं, जो बुरे हैं, उनकी असंगति की जाए, उनका संग छोड़ा जाए, उनकी मुहब्बत तोड़ दी जाए, उनसे असहयोग किया जाए, उन्हें मदद देना बन्द कर दिया जाए। यह एक यज्ञ है, उसमें जब हम अपना बलिदान देंगे, तभी खुद शुद्ध होंगे और रावण-राज्य को मिटाकर राम-राज्य की स्थापना कर सकेंगे। यह रामराज्य ही स्वराज्य है। स्वराज्य स्थापित किये बिना हम इस राक्षसी राज्य से छूट नहीं सकते' (सम्पूर्ण गांधी वाङ्मय, खंड-18, पृ. 456)। सतत संघर्ष और बलिदान से ही स्वराज सम्भव है।

साम्राज्यवादी अंग्रेजों के 'कुराज' के बरक्स गांधी जिस 'सुराज' की निर्मिति का संघर्ष कर रहे थे, उसकी परिकल्पना गांधी के मस्तिष्क में स्पष्ट थी लेकिन उन दिनों स्वराज्य के लिए गांधी के आह्वान पर जेल जाने, सत्याग्रह करनेवाले बड़े-बड़े बौद्धिक नेताओं की समझ में भी स्वराज्य का स्वरूप स्पष्ट नहीं था जिसका पता जवाहरलाल नेहरू की आत्मकथा और पट्टाभि सीतारमैया की 'भारतीय राष्ट्रीय कांग्रेस का इतिहास' जैसी पुस्तकों को पढ़ने पर चलता है। सारे लोग उस समय स्वराज के अर्थ और स्वरूप को लेकर परेशान थे किन्तु गांधी ने स्वराज की कोई लम्बी-चौड़ी परिभाषा न गढ़कर उसका आशय 'रामराज्य' से जोड़ दिया और वे देशवासियों को लगातार यही समझाते रहे कि उनके आन्दोलन का लक्ष्य 'रावण-राज्य' को अपदस्थ कर 'रामराज्य' की स्थापना करना है और यह ऐतिहासिक सत्य है कि उनके द्वारा इन शब्दों के प्रयोग ने जनता में यह उत्साह पैदा किया जिससे व्यापक पैमाने पर स्वराज्य की लड़ाई में उसकी सहभागिता सम्भव हो पाई। कहने में अत्युक्ति नहीं कि ऐसा साम्राज्यवाद विरोधी राष्ट्रव्यापी उत्साह न तो सशस्त्र क्रान्ति के नारों ने, न ही वैज्ञानिक समाजवाद के विचारों ने पैदा करने में कामयाबी हासिल की। डॉ. भगवान सिंह ने ठीक कहा है कि 'गांधी ने 'जनमानस एवं लोकचित्त को पहचानते हुए' स्वराज्य की जिस अवधारणा को मूर्त रूप प्रदान करने का स्वप्न देखा, उसका निहितार्थ तो यही है कि जो भी शासन हो, उसमें अन्याय, उत्पीड़न, शोषण, बेरोजगारी, असमानता आदि के अंधकार का अन्त हो। प्रेम, शान्ति, समता, बन्धुत्व का चारों ओर प्रकाश हो, संयम और अपरिग्रह के व्याकरण से जीवन अनुशासित हो ताकि मनुष्य अपने सुख पर नियंत्रण करते हुए अन्य प्राणियों के संरक्षण के प्रति भी अपने दायित्व का निर्वाह कर सके।

इन आन्तरिक गुणों को महत्त्व न देने के कारण ही समाजवाद कहीं विघटित हो गया, तो कहीं पूँजीवाद-साम्राज्यवाद में कायान्तरित हो गया' (डॉ. भगवान सिंह—तुलसी और गांधी, पृ. 278)। गांधी-दर्शन इस सन्तुलन को साधने के कारण प्रासंगिक बना हुआ है यानी गांधी के रामराज्य का स्वप्न आज भी प्रासंगिक है। ग्लोबल बाजारवाद के दबावों के चलते 'आज के दौर में मनुष्य की चेतना पर जिस तरह विकास एवं सुख-सुविधा के नाम पर भूमंडलीकरण, हाई टेक्नोलॉजी, सॉफ्टवेयर, अन्तरिक्ष अन्वेषण, शहरीकरण, तरह-तरह के वाहनों, मशीनों से सम्भव विलासितापूर्ण सामग्रियों का आकर्षण हावी है, उसे देखते हुए गांधी के रामराज्य या हिन्द स्वराज्य सम्बन्धी विचारों पर हमारे विकास के ध्वजारोहियों को हँसी ही आएगी किन्तु हमारे ध्यान से यह तथ्य भी ओझल नहीं होना चाहिए कि इस विकास के बवंडर में बहुत कुछ उजड़ता जा रहा है। मनुष्य की उपभोक्तावादी भूख अन्तहीन होकर पशु, पक्षी, वनस्पति, जंगल, पहाड़, नदी—सबको अपना ग्रास बनाये जा रही है। विशेषज्ञ बताते हैं कि विकास की यह विवेकहीन रफ्तार जारी रही तो पचास वर्षों में पेड़ों, पशु-पक्षियों की पचास हजार प्रजातियाँ नष्ट हो जाएँगी। कितनी बड़ी विडम्बना है इस विकास दौड़ की कि एक तरफ इसकी कोख से विविध बीमारियाँ पैदा हो रही हैं, तो दूसरी तरफ इनके निदानार्थ नाना दवाओं, उपचार-पद्धतियों, आलीशान अस्पतालों आदि के अविष्कार एवं निर्माण को हम विकास के खाते में दर्ज करते जा रहे हैं, बिना यह सोचे कि यह सब हमारे अत्यधिक बीमार होते जाने के लक्षण हैं। बिजली के लिए बाँध बनाकर नदियों को मारा जा रहा है, तो अमेरिका जैसी साम्राज्यवादी शक्ति के चरणों में राष्ट्र को समर्पित किया जा रहा है। न राष्ट्रीय स्वाभिमान रहा, न स्वावलम्बन। इस विकास मॉडल से रोजगार के जितने अवसर पैदा हो रहे हैं, उससे कई गुना अधिक बेरोजगारी का आलम फैलता जा रहा है। इस विकास के अभियान में एक तरफ किसान खेती से विस्थापित हो रहे हैं, तो दूसरी तरफ बाजारवादी तृष्णा की गिरफ्त में वे आत्महत्याएँ करने को विवश हो रहे हैं।

असल में गांधी का हिन्द स्वराज्य देश-विशेष से नहीं, मनुष्य-मात्र से जुड़ा है। यही नहीं, अब तो अमेरिकी चिन्तक एलविन टफ्लर की यह भविष्यवाणी भी सही सिद्ध होने लगी है कि टेक्नोलॉजी की इस निरन्तर विकास-प्रकिया से परिवार जैसी संस्था का भी लोप हो जाएगा। अत्यधिक विकास के लिए लालायित देश एवं समाज में शरीर को दिन-रात खटाकर बेशुमार दौलत अर्जित करने की हवस इस कदर बढ़ती जा रही है कि वहाँ के युवक-युवतियों को पति-पत्नी के सम्बन्धों में बँधकर

सन्तान-प्रजनन करने की न फुर्सत है, न ही इसकी कोई प्राथमिकता। विवाह-मुक्त रहकर यौन-तृप्ति के लिए खुली छूट इस विकसित समाज की नई नैतिकता बनती जा रही है। जाहिर है, ऐसी प्रवृत्ति पति-पत्नी, माता-पिता जैसे सम्बन्धों को मिटाते हुए मनुष्य के अस्तित्व को ही मिटाने में अपनी चरम अभिव्यक्ति अर्जित करेगी। कथित विकास से उपजी सम्बन्धहीनता विनाश है। इसकी विकरालता को गांधी के चश्मे से आज भी सफाई से देखा जा सकता है। उस चश्मे पर वक्त की थोड़ी धूल जमी है। कुछ निशान भी पड़ गए हैं लेकिन देखने की सटीकता आज भी बरकरार है।

वर्ण-व्यवस्था और गांधी का हिन्दू धर्म

गांधी की मानसिक बनावट और बुनावट सपाट या इकहरी नहीं थी। हो भी नहीं सकती थी। होती तो गांधी, गांधी नहीं हो सकते थे। चमत्कारी गांधीत्व में कई जटिलताएँ; दूरारूढ़ कल्पनाएँ और अन्तर्विरोध एकसाथ मौजूद हैं। यह निजी नहीं थे; उनके समय और समाज ने उन्हें सौंपे थे। व्यक्ति के आन्तरिक व्यक्तित्व में उसके सामाजिक जीन भी घुले-मिले होते हैं। गांधी आधुनिक काल में आधुनिकता की जन्मभूमि इंग्लैंड में शिक्षित हुए थे। तमाम वैज्ञानिक चिन्तन एवं आविष्कारों तथा समता, स्वतंत्रता के लिए हो चुके राजनीतिक आन्दोलनों से परिचित थे। भारतीय समाज की वर्ण-व्यवस्था को समूल नष्ट करने के बजाय उसकी सामाजिक उपादेयता की वकालत भी उन्होंने की है। श्री भगवान सिंह के अनुसार : 'गांधी वर्ण-व्यवस्था का पूर्णत: निषेध करने के बजाय इसका कई कारणों से समर्थन करते दिखाई देते हैं, तो एक समय-सीमा के बाद इसका विरोध भी करते हैं। अतएव वर्ण-व्यवस्था के सम्बन्ध में गांधी जी के विचारों के साथ न्यायोचित व्यवहार करने के लिए उन्हें दो चरणों में बाँटकर देखना अपेक्षित है। पहला चरण है 1915 से लेकर 1932 तक और दूसरा है 1932 से जीवन के अन्त तक। वर्ण-व्यवस्था के समर्थन में उनके कुछ तर्क देखने योग्य हैं' (श्री भगवान सिंह—तुलसी और गांधी, पृ. 199)। भारत के राजनीतिक परिदृश्य पर गांधी की उपस्थिति से पहले जोतिबा फुले, स्वामी दयानन्द सरस्वती जैसे समाज-सुधारकों का प्रवेश हो चुका था। उन्होंने वर्ण-व्यवस्था द्वारा पोषित छुआछूत, ऊँच-नीच की भावना का तीव्र विरोध

किया था। इससे जाति-व्यवस्था को कड़ी चुनौती दी जाने लगी थी। छुआछूत, ऊँच-नीच के भेद को गांधी भी खारिज करते हैं लेकिन गुण-कर्म के आधार पर उसकी सामाजिक उपयोगिता को देखते हुए वर्ण-व्यवस्था के औचित्य को भी स्वीकार करते हैं। 08-12-1920 के 'यंग इंडिया' में गांधी लिखते हैं : 'दूसरी प्रथाओं की तरह यह प्रथा भी (जाति-प्रथा) बहुत से अस्वस्थ और अनावश्यक रीति-रिवाजों का शिकार बन गई है। मैं समाज के सिर्फ चार बड़े विभाजनों को ही मूलभूत, कुदरती और जरूरी मानता हूँ। बेशुमार उपजातियों से कभी-कभी कुछ लाभ भी होता है लेकिन अक्सर उनसे अड़चनें ही पैदा होती हैं। ऐसी उपजातियाँ जितनी जल्दी एक हो जाएँ, उतनी ही समाज की भलाई है लेकिन मैं मौलिक वर्ण-विभाजन को तोड़ने की किसी भी कोशिश के खिलाफ हूँ। वर्ण-विभाजन असमानता पर आधारित नहीं है, इसमें ऊँच-नीच का भी कोई सवाल नहीं है और जहाँ ऊँच-नीच ऐसा कोई सवाल उठ रहा है, उदाहरणार्थ मद्रास, महाराष्ट्र या अन्य स्थानों में, वहाँ उसे जरूर रोका जाना चाहिए।

हिन्दुस्तान और सारी दुनिया में लोकतंत्र की जो भावना तेजी से फैल रही है, उसके असर से वर्ण-व्यवस्था में से भी ऊँच-नीच के खयाल अपने-आप मिट जाएँगे। लोकतंत्र की भावना कोई यांत्रिक वस्तु नहीं है कि समाज के बाहरी ढाँचे में जोड़-तोड़ करके उसे उसके अनुकूल बना लिया जाए। यह तो हृदय-परिवर्तन की अपेक्षा रखती है। अगर लोकतंत्र की भावना के फैलाव में जात-पात रुकावट हो, तो हिन्दुस्तान में जो एक साथ हिन्दू-ईसाई, इस्लाम, पारसी और यहूदी—पाँच धर्म वर्तमान हैं, वे भी इसमें रुकावट ही बनेंगे। गांधी हिन्दू धर्म में मनुष्येतर प्राणियों के प्रति दयाभाव का भी उल्लेख करते हैं : 'हमें यह कभी नहीं भूलना चाहिए कि जो हिन्दू धर्म वर्ण-व्यवस्था के लिए जिम्मेवार है, उसी हिन्दू धर्म ने सिर्फ मनुष्य के प्रति नहीं बल्कि जीव-मात्र के प्रति अनिवार्य रूप से भ्रातृत्व भाव रखने का विधान भी किया है।' वे छुआछूत रोकने के लिए अन्तर्जातीय विवाह को गैरजरूरी मानते हैं : 'मेरे विचार से लोकतंत्र की भावना को फैलाने के लिए विभिन्न जातियों के बीच परस्पर रोटी-बेटी का सम्बन्ध होना जरूरी नहीं। किसी परिपूर्ण से परिपूर्ण लोकतांत्रिक व्यवस्था के अधीन भी खान-पान और शादी-ब्याह के रीति-रिवाज सर्वत्र एक से होंगे, मैं ऐसा नहीं मानता। हमें विविधता के बीच में ही एकता ढूँढ़नी होगी' (सम्पूर्ण गांधी वाङ्मय—खंड-19, पृ. 86-87)। गांधी वर्णगत भिन्नता नहीं; विविधता के आधार पर इस शुरुआती मत तक पहुँचे थे।

विविधता में एकता देखने वाले गांधी 'यंग इंडिया' के 5 जनवरी, 1921 के अंक में वर्ण-व्यवस्था के सम्बन्ध में लिखते हैं : 'आर्थिक दृष्टि से ज़ाति-प्रथा का किसी समय बहुत मूल्य था। उसके फलस्वरूप नई पीढ़ियों को उनके परिवारों में चले आए परम्परागत कला-कौशल की शिक्षा सहज ही मिल जाती थी और स्पर्धा का क्षेत्र सीमित बनता था। गरीबी और कंगाली से होनेवाली तकलीफ को दूर करने का यह एक उत्तम इलाज थी और पश्चिम में प्रचलित व्यापारियों के संघों की संस्था के सारे लाभ उसमें भी मिलते थे। यद्यपि यह कहा जा सकता है कि वह साहस और आविष्कार की वृत्ति को बढ़ावा नहीं देती थी लेकिन हम जानते हैं कि वह उनके आड़े भी नहीं आती थी। इतिहास की दृष्टि से जाति प्रथा को भारतीय समाज की प्रयोगशाला में किया गया मनुष्य का ऐसा प्रयोग कहा जा सकता है, जिसका उद्देश्य समाज के विविध वर्गों का पारस्पारिक अनुकूलन और संयोजन करना था। यदि हम उसे सफल बना सके, तो दुनिया में आजकल लोभ के कारण जो क्रूर प्रतिस्पर्धा और सामाजिक विघटन होता दिखाई देता है, उसके उत्तम इलाज के रूप में उसे दुनिया को भेंट दिया जा सकता है' (मेरे सपनों का भारत—महात्मा गांधी, पृ. 211)। स्पष्ट है कि गांधी वर्ण-व्यवस्था को समाज के विविध वर्गों का पारस्परिक अनुकूलन और संयोजन करनेवाले एक प्रयोग के रूप में देखते हुए उसका समर्थन करते हैं।

9 जनवरी, 1915 में दक्षिण अफ्रीका से भारत लौटने के बाद वर्ण-व्यवस्था के नाम पर चलाई जा रही छुआछूत की भावना के विरुद्ध गांधी ने अपनी लड़ाई शुरू कर दी। यह उनका युगांतकारी मानसिक और वैचारिक बदलाव था। मई, 1915 में कथित अछूतों ने गांधी के स्वागत में एक समारोह का आयोजन किया जिसमें उन्हें मानपत्र भेंट किया गया। उस समारोह में गांधी ने छुआछूत की दुर्भावना का प्रतिवाद करते हुए कहा कि 'इस बात पर कि यह (अछूतपन) हिन्दू धर्म का एक आवश्यक अंग है, मुझे विश्वास नहीं है और मैं तो आशा यही करता हूँ कि जीवनपर्यन्त इस पर विश्वास नहीं करूँगा। अछूतों के इस वर्ग के लिए कौन उत्तरदायी है? मुझे बताया गया है कि सभी स्थानों पर ब्राह्मण अधिकारपूर्वक अपनी श्रेष्ठता का लाभ उठा रहे हैं। क्या वे आज भी वैसा कर रहे हैं? यदि कर रहे हों तो इस पाप के भागी वे ही बनेंगे।' गांधी छुआछूत को अपराध नहीं, पाप करार देते हैं। वेदांत के मार्फत गांधी कहते हैं : 'मुझे भगवद्गीता का वह सुन्दर श्लोक याद आता है पर मैं उसे सुनाकर उपस्थित जनता को उत्तेजित न करूँगा। सिर्फ उसका सार मात्र देता हूँ—सच्चा ब्राह्मण वह है, जो पंडित और अछूत, दोनों के

प्रति समभाव रखे' (श्री भगवान सिंह—तुलसी और गांधी, पृ. 202)। गांधी वर्ण के विधान को वर्णगत व्यवसायों से जोड़ते थे यानी वे वर्ण-व्यवस्था के उस विधान के हिमायती थे जिसके अनुसार जो मनुष्य जैसा काम करे, उसी के अनुरूप उसका वर्ण निर्धारित हो। जन्म से किसी का वर्ण निश्चित न होना चाहिए—इस धारणा का समर्थन करते हुए अक्टूबर, 1917 में गांधी ने कहा : 'अछूतों का जुदा वर्ग बना देना हिन्दू धर्म के माथे पर कलंक है। जात-पात एक बन्धन है, पाप नहीं। अछूतपन तो पाप है, सख्त जुर्म है और यदि हिन्दू धर्म इस बड़े साँप को समय रहते नहीं मार डालेगा, तो वह उसको खा जाएगा। अछूतों को अब हिन्दू धर्म के बाहर हरगिज न समझना चाहिए। उन्हें हिन्दू समाज के मातबर आदमी समझना चाहिए और उनके धन्धे के मुताबिक वे जिस वर्ण के लायक हों, उसी वर्ण का उन्हें समझना चाहिए।' जाहिर है कि गांधी वर्ण-व्यवस्था को हिन्दू धर्म का कर्म या व्यवसाय-आधारित अविष्कार मानते थे लेकिन उसमें घुस आई छुआछूत की भावना उन्हें किसी मूल्य पर मान्य नहीं थी। वे इस अमानवीय प्रथा के खिलाफ अपने संघर्ष को लगातार व्यापक एवं धारदार बनाते गए। जन्म से नहीं, कर्म के आधार पर वे वर्ण तय करने के पक्षधर बनते चले गए।

अस्पृश्यता-निवारण को गांधी ने तब और अधिक व्यापक बनाया जब वे 1920 में असहयोग आन्दोलन के सूत्रधार के रूप में भारत के राजनीतिक मंच पर उदित हुए। असहयोग आन्दोलन के दौरान उन्हें अस्पृश्य जाति वालों के इस तीखे सवाल का सामना करना पड़ा कि वे क्या अछूत बने रहने के लिए इस आन्दोलन का समर्थन करें? दूसरी तरफ ऐसे सवर्ण हिन्दू थे जो अछूतपन को शास्त्रसम्मत बताते हुए इसे हिन्दू धर्म का अविभाज्य अंग सिद्ध करने में लगे हुए थे। ऐसे में गांधी ने अपना अस्पृश्यता-विरोधी अभियान और तेज करते हुए धर्म एवं शास्त्रों के अखाड़े में उतरकर सनातनी हिन्दुओं के इस दावे का खंडन किया। 12 दिसम्बर, 1920 के 'नवजीवन' में गांधी का 'वैष्णव और अन्त्यज' शीर्षक लेख प्रकाशित हुआ। इसमें अस्पृश्यता की मान्यता पर प्रहार करते हुए उन्होंने लिखा : 'अस्पृश्यता को पाप समझना पश्चिमी विचार है, ऐसा कहना पाप को पुण्य मानने के बराबर है। अखा भगत ने (सत्रहवीं सदी के प्रसिद्ध गुजराती कवि) कोई पाश्चात्य शिक्षा प्राप्त नहीं की लेकिन उन्होंने ही कहा है कि 'अस्पृश्यता अतिरिक्त अंग है'। अस्पृश्यता और वर्णाश्रम, दोनों को शास्त्री वसंतराम जी तथा 'गुजराती' के सम्पादक एक ही वस्तु मानते जान पड़ते हैं। मेरी अल्पमति के अनुसार वर्णाश्रम धर्म है, वह शाश्वत है, व्यापक है, प्रकृति के अनुकूल है और

व्यवहार की व्यवस्था है। अस्पृश्यता हिन्दू धर्म का दूषण है। सम्भवत: वह कभी समाज की अवनति के दिनों में कुछ काल के लिए आपद्धर्म के रूप में आरम्भ की गई एक व्यवस्था थी। वह अव्यापक है और शास्त्रों में इसका समर्थन नहीं किया गया है। इसके समर्थन में जिन श्लोकों को उद्धृत किया जाता है, वे क्षेपक हैं अथवा उनके अर्थ के विषय में मतभेद हैं। वैष्णवों ने अस्पृश्यता का धर्म के रूप में वर्णन नहीं किया है' (नवजीवन—12 दिसम्बर, 1920, पृ. 4)। अस्पर्श्यता की भावना को गांधी साफ तौर पर शाप मानकर, इससे मुक्ति के लिए हिन्दू समाज का आह्वान करते रहे।

13-14 अप्रैल, 1921 को अहमदाबाद में जातिगत अस्पृश्यता के समर्थकों का यह प्रखर गांधीवादी विरोध था—'अछूतों का चौथा सम्मेलन'। इसमें गांधी भी आमंत्रित थे। उस सम्मेलन में उन्होंने कहा : 'मैं अस्पृश्यता को हिन्दू धर्म का सबसे बड़ा कलंक मानता हूँ। मेरे मन में इस विचार का प्रादुर्भाव दक्षिण अफ्रीका संघर्ष के दिनों में हुए कटु अनुभवों से हुआ था। इसका कारण यह नहीं कि मैं कभी नास्तिक था और यह सोचना भी उतना ही अनुचित है जैसाकि कुछ लोग समझते हैं कि मुझे यह विचार ईसाई धार्मिक साहित्य के अध्ययन से मिला है। मेरी यह धारणा उस समय की है जब बाइबल या बाइबल मतानुयायियों से न तो मेरा कोई प्रेम था और न परिचय ही' (सम्पूर्ण गांधी वाङ्मय, खंड-18, पृ. 401)। छुआछूत-विरोध का भाव गांधी ने ईसाइयत से नहीं सीखा बल्कि दक्षिण अफ्रीका में जब रंगभेदी-ऊँच-नीच फैली, वे नस्ली हिंसा के शिकार हुए, तभी उनके मन में वर्णगत की कथित श्रेष्ठता का प्रतिपक्ष निर्मित होना शुरू हो गया था। सोलह सितम्बर को मद्रास में मजदूरों की सभा में बोलते हुए गांधी ने कहा : 'पंचम जाति जैसी कोई चीज हिन्दू धर्म में है ही नहीं। छुआछूत की भावना ईश्वर और मानवता, दोनों के प्रति अपराध है। यह हिन्दू धर्म का कलंक है। मेरे साथी मजदूरो, मैं आपसे आग्रह करता हूँ कि अपने दिल से यह भावना निकाल दें कि पंचम भाई अछूत या किसी और से नीचे हैं।'—वर्णक्रम में कोई श्रेष्ठ या हीन नहीं है, इसे गांधी जोर देकर कहते रहे।

गांधी के अस्पृश्यता-विरोधी तेवर एवं अभियान से तिलमिलाकर सनातनी सवर्ण हिन्दू उनका उग्र विरोध करने लगे लेकिन गांधी निर्भीक होकर अपने संघर्ष को आगे बढ़ाते रहे। 8 जनवरी, 1925 को काठियावाड की राजनीतिक परिषद् में अध्यक्षीय भाषण करते हुए गांधी ने कहा : 'सभी हिन्दुओं का यह परम कर्तव्य है कि वे अस्पृश्यता को समाप्त करें। अस्पृश्यता हिन्दू धर्म पर एक बहुत बड़ा कलंक

है। इस कलंक को मिटाना बहुत जरूरी है। अन्त्यजों की जो सेवा करेगा, वह हिन्दू धर्म का त्राता होगा' (सम्पूर्ण गांधी वाङ्मय, खंड-21, पृ. 136)। जातिगत ऊँच-नीच की खिलाफत करनेवालों को गांधी ने धर्म के त्राता का दर्जा दिया था।

वर्णवादी क्रम को स्वीकृति लेकिन अस्पृश्यता-विरोध के परस्पर विरोधी संवेग गांधी के यहाँ मिलते हैं : 'सत्य का आग्रह रखने के लिए और उसकी खातिर मरना पड़े, तो मरने की कला सीखने के लिए जो आश्रम स्थापित हुआ, उसमें अस्पृश्यता को कलंक मानते हुए भी उसे दूर करने की रचनात्मक प्रवृत्ति न पैदा की जाए, तो फिर वह सत्याग्रह-आश्रम कैसे कहला सकता है? अस्पृश्यता को पाप मानना मैं और मेरे साथी लोग दक्षिण अफ्रीका में ही सीख गए थे। इसलिए यहाँ आश्रम स्थापित होते ही अस्पृश्यता को मिटाना आश्रम का एक बड़ा कार्य हो गया' (वही, खंड-50, पृ. 222)। गांधी ने आश्रम के इस उद्देश्य के सम्बन्ध में जो कहा, उसे निजी व्यवहार और आचरण के धरातल पर पालन करके भी दिखाया। कई आश्रमवासियों की असहमति के बावजूद उन्होंने आश्रम में अछूत दम्पती दूदा भाई और दानी बहन को स्थान दिया और उनकी बेटी लक्ष्मी को अपनी बेटी के रूप में गोद भी लिया।

क्या गांधी के व्यक्तित्व और सोच में महान अन्तर्विरोध व्याप्त थे? क्योंकि गांधी वर्ण-व्यवस्था को एक कार्य निर्वाचन-आधारित समन्वयकारी व्यवस्था के रूप में जरूर पसन्द करते थे, लेकिन उसके अन्तर्गत किसी प्रकार के ऊँच-नीच, छूत-अछूत की भावना का वे स्पष्ट विरोध करते थे। गांधी विभिन्न सामाजिक-आर्थिक कार्यों के निष्पादन में एक समन्वय-सामंजस्यकारी के रूप में वर्ण-व्यवस्था की उपयोगिता को स्वीकार करते हैं। और इसीलिए अतिरिक्त अंग के रूप में उभरे छुआछूत और ऊँच-नीच की भावना गांधी अस्वीकार करते हैं : 'मैंने यह बार-बार कहा है कि आज जो जाति-व्यवस्था चल रही है, उस पर मेरा बिलकुल विश्वास नहीं है। तरक्की के रास्ते में वह रोड़े डालनेवाली तथा बड़ी गंदी चीज है जो फेंक देने लायक है। आदमी-आदमी में जो ऊँच-नीचता व विषमता है, यह मैं कतई नहीं मानता। हम सब लोग पूरी तरह समान हैं लेकिन समता आत्मा की है, शरीर की नहीं। वह मानसिक अवस्था है। हमें हमेशा समता का विचार करना चाहिए तथा वैसा आचरण करने का आग्रह रखना चाहिए। आज दुनिया में विषमता के बीच रहते हुए हमें समता स्थापित करनी है। एक आदमी को दूसरे से ऊँचा कहना तो ईश्वर तथा मानवता के खिलाफ पाप करना है। हैसियत तथा औकात में असमानता दर्शानेवाली जाति एक दुष्ट प्रवृत्ति है' (यंग इंडिया : 4 जून, 1931)। इसके बाद गांधी जी ने वर्णाश्रम का कभी भी समर्थन नहीं किया। 'जाति-प्रथा मुझे बिलकुल मंजूर नहीं',

ऐसा सन् 1931 के लेख में स्पष्टत: कहा है तथा बाद में कभी भी वर्णाश्रम का जिक्र नहीं किया है, तो वे वर्णाश्रम धर्म के समर्थक थे, ऐसा कहना या मानना ठीक नहीं है' (गांधी और दलित भारत जागरण—डॉ. भगवान सिंह, पृ. 55-56)। गांधी वर्णाश्रम व्यवस्था को मानते थे लेकिन वर्ण की कथित श्रेष्ठता का समर्थन उन्होंने प्रारम्भ में भी नहीं किया। बाद में तो वे कर्म के आधार पर वर्णक्रम तय करने की बात करने लगे थे।

ऐसी मनोदशा के गठन के पीछे गांधी की पारिवारिक परिस्थितियों का बहुत बड़ा हाथ था। इस सम्बन्ध में गांधी के सहयोगी रहे आचार्य जे.बी. कृपलानी का यह कथन गांधी की मानसिक निर्मिति को समझने में बहुत मददगार साबित हो सकता है : 'वह ऐसे हिन्दू परिवार में पैदा हुए थे जो वैष्णव धर्म का उपासक था, पर जैन धर्म का भी कुछ प्रभाव उस पर था। माता श्रद्धालु और धर्मभीरु महिला थीं। पिता भी धार्मिक वृत्ति के पुरुष थे जो धर्म-कर्म के मामलों के विचार-विनिमय के लिए विभिन्न धर्मों के विद्वानों को अक्सर अपने यहाँ बुलाया करते थे। इंग्लैंड में, शाकाहारी भोजन ही करने के अपने आग्रह के कारण, गांधी जी ऐसे कुछ अंग्रेजों के सम्पर्क में आए तो मांसाहार को छोड़कर शाकाहारी बन गए थे। साथ ही उस समय इंग्लैंड में उन्नीसवीं सदी के उदारवाद की जो भावना थी, उसका भी उन पर असर पड़ा। उन्होंने 'बाइबल' का और खास कर 'न्यू टेस्टामेंट' का अध्ययन किया, साथ ही टॉल्स्टॉय तथा इमर्सन की रचनाओं को भी पढ़ा। दक्षिण अफ्रीका में उन्हें अनेक राष्ट्रों, जातियों और रंगों के लोगों के बीच काम करना पड़ा। साथ ही ईसाई मिशनरियों के सम्पर्क में भी आए। इन मिशनरियों में कुछ तो इस बात के लिए उत्सुक थे कि नरक में जाने से बचाने के लिए हिन्दू धर्म छुड़ाकर उन्हें ईसाई बना लिया जाए क्योंकि उनकी दृष्टि में वही 'एकमात्र सच्चा धर्म' था। कुछ अन्य ऐसे भी थे जिन्हें उनकी आत्मा के उद्धार की उतनी चिन्ता नहीं थी जितनी कि दक्षिण अफ्रीका के नागरिक बने अपने देशवासियों की हालत सुधारने के लिए किये जा रहे उनके कार्यों में दिलचस्पी थी। इन सभी सम्पर्कों का नतीजा यह हुआ कि हिन्दू धर्म में, जो कि उनका अपना धर्म था, उनकी आस्था दृढ़ हो गई, लेकिन हिन्दू धर्मावलम्बियों में जो रीति-रिवाज, कर्म-कांड या मत-सम्प्रदाय चल पड़े हैं, उनसे गांधी जी के हिन्दू धर्म का कोई सरोकार नहीं था। बुद्धि और मानवता के विरुद्ध किसी भी बात को मानने से उन्होंने बराबर इनकार किया। वे अपने को सनातनधर्मी हिन्दू कहते थे किन्तु अस्पृश्यता को विनाशक और क्रूर प्रथा को नहीं मानते थे' (महात्मा गांधी—जे.बी.कृपलानी, पृ. 356)। गांधी ऐसे आस्तिक और

सनातनी हिन्दू थे जो मनुष्य-मनुष्य में जातिगत ऊँच-नीच को पाप मानते थे।

गांधी के सामने कई धर्म-पद्धतियाँ थीं लेकिन वे हिन्दू धर्माचार्यों द्वारा प्रतिपादित मानवतावादी सार को आगे करते रहे। 1909 में लिखी अपनी प्रसिद्ध पुस्तक 'हिन्द स्वराज' के 'सत्याग्रह' वाले प्रकरण में वे धर्म के स्वरूप को स्पष्ट करने के लिए तुलसीदास का यह दोहा उद्धृत करते हैं : 'कवि तुलसीदास ने कहा है—दया धर्म का मूल है देह मूल अभिमान, तुलसी दया न छाँड़िए जब लग घट में प्रान।' डॉ. भगवान सिंह के अनुसार गांधी की दृष्टि में जो धर्म है, उसका मूल दया है। इसे वे जीवनपर्यन्त मानते रहे और विभिन्न अवसरों पर किस तरह इस दोहे का वे उपयोग करते रहे, इसका जिक्र आरम्भ में ही किया जा चुका है और क्यों वे 'पापमूल' के बजाय 'देहमूल' को ही अधिक युक्तिसंगत मानते रहे, इसका भी उल्लेख किया जा चुका है। यह ध्रुव सत्य है कि गांधी जी के चिन्तन एवं कर्म में धर्म सर्वोपरि था, उससे विच्छिन्न करके जीवन के किसी भी पक्ष को वे स्वीकार करने को तैयार नहीं रहे और यह धर्म था प्राणिमात्र के लिए दया, करुणा, सेवा, परदुख कातरता, अपरिग्रह, संयम आदि का पूंजीभूत रूप, न कि नाना देवी-देवताओं की मूर्तियों की पूजा और अर्चना करना। उनके धर्म-सम्बन्धी विचारों को समझने के लिए गुजराती कवि नरसी मेहता (1414-1478) के प्रसिद्ध भजन 'वैष्णव जन तो तेने कहिए' का उनके द्वारा किये गए भाष्य को देखना बहुत उपयुक्त होगा।

गुजराती पत्रिका 'नवजीवन' के 5 दिसम्बर, 1920 के अंक में गांधी ने नरसी मेहता के पूरे भजन को छापते हुए जो अपनी टिप्पणियाँ दर्ज की थीं, वे रेखांकित करने लायक हैं :

'वैष्णव जन तो तेने कहिए, जे पीड़ पराई जाणे रे,
पर दुखे उपकार करे तोये, मन अभिमान न आणे रे।
सकल लोकमां बहुने बन्दे, निन्दा न करे केनी रे,
वाच काछ मन निश्चल राखे, धन-धन जननी तेरी रे।
समदृष्टि ने तृष्णा त्यागी, पर स्त्री जेने मात रे,
जिह्वा थकी असत्य न बोले, पर धन नव झोले हाथ रे।
मोह माया ब्यापे नहिं जेने, दृढ़ वैराग्य जेना मन मां रे,
राम नामशुं ताष्ठी लागी, सकल तीरथ तेना तनमां रे।
वण लाभी ने कपट रहित छे, काम क्रोध निवार्या रे,
भणे नर सैया तेनु, दरसन करतां, कुष्ठ एकोतेर तार्या रे।'

नरसिंह मेहता ने वैष्णव के जो लक्षण बताए हैं, उससे हम देखते हैं कि वह :

1. पर दु:ख भंजक होता है।
2. फिर भी निरभिमानी होता है।
3. सबकी वन्दना करता है।
4. किसी की निन्दा नहीं करता है।
5. वाचा दृढ़ रखता है।
6. आचार दृढ़ रखता है।
7. मन दृढ़ रखता है।
8. वह समदृष्टि होता है।
9. वह तृष्णारहित होता है।
10. एक पत्नीव्रत पालता है।
11. सत्यव्रत पालता है।
12. अस्तेय पालता है।
13. मायातीत होता है।
14. वीतरागी होता है।
15. रामनाम में तल्लीन होता है।
16. पवित्र होता है।
17. लोभरहित होता है।
18. कपटरहित होता है।
19. कामरहित होता है।
20. क्रोधरहित होता है।

नरसिंह मेहता ने अहिंसा को प्रथम स्थान दिया है अर्थात जिसमें प्रेम नहीं, वह वैष्णव नहीं है। अपनी प्रभाती में उन्होंने सिखाया है कि वेद पढ़ने से, वर्णाश्रम धर्म का पालन करने से, कंठी पहनने से अथवा तिलक लगाने से कोई वैष्णव नहीं हो जाता। गांधी की व्याख्या में यह अन्तर्निहित है कि 'सदाचार के अभाव में ये दिखावा मात्र रह जाते हैं। उनके अनुसार, ये सब पाप के मूल हो सकते हैं। पाखंडी भी माला पहन सकता है, तिलक लगा सकता है, वेद पढ़ सकता है, मुख से राम-नाम का जाप कर सकता है। मैं इन सिद्धान्तों की ओर सबका ध्यान आकर्षित करता हूँ क्योंकि मेरे पास अन्त्यजों के सम्बन्ध में पत्र आते रहते हैं। सब सलाह देते हैं कि यदि मैं राष्ट्रीयशाला से अन्त्यजों का बहिष्कार नहीं करता तो स्वराज्य का आन्दोलन खत्म हो जाएगा। यदि मुझमें तनिक भी वैष्णवपन है

तो ईश्वर मुझे अन्त्यजों का बहिष्कार करके मिलनेवाले स्वराज्य का त्याग करने का बल भी प्रदान करेगा।' डॉ. भगवान सिंह इस सन्दर्भ में मार्के का विश्लेषण करते हैं : '1920 में गांधी जी को नरसी मेहता के इस भजन की व्याख्या प्रस्तुत करने की आवश्यकता इसलिए हुई कि उनके द्वारा किये जा रहे अस्पृश्यता-विरोध को कतिपय हिन्दू धर्मावलम्बी धर्म-विरोधी आचरण सिद्ध कर रहे थे। गांधी ने इस भजन के माध्यम से हिन्दू के अस्पृश्यता-विरोधी एवं सर्वधर्म समभाव चरित्र को उनके सामने रखा।' इस सन्दर्भ में यह देखना अपेक्षित होगा कि जिस हिन्दू धर्म का ईसाई मिशनरी मजाक उड़ा रहे थे, यहाँ तक कि उसे धर्म ही नहीं मान रहे थे; कट्टरपंथी मुस्लिम उसे काफिरों का मजहब कहकर उस पर और उसे माननेवालों पर प्रहार कर रहे थे; तब 'यंग इंडिया' (20.10.1927) में गांधी ने लिखा : 'मैं जितने धर्मों को जानता हूँ, उन सबमें हिन्दू धर्म सबसे अधिक सहिष्णु है। इसमें कट्टरता का जो अभाव है, वह मुझे बहुत पसन्द आता है क्योंकि इससे उसके अनुयायी को आत्माभिव्यक्ति के लिए अधिक-से-अधिक अवसर मिलता है। हिन्दू धर्म एकांगी धर्म न होने के कारण उसके अनुयायी न सिर्फ अन्य सब धर्मों का आदर कर सकते हैं बल्कि दूसरे धर्मों में जो कुछ अच्छाई हो, उसकी प्रशंसा भी कर सकते हैं और उसे हजम भी कर सकते हैं। अहिंसा सब धर्मों में समान है किन्तु हिन्दू धर्म में वह सर्वोच्च रूप में प्रगट हुई है और उसका प्रयोग भी हुआ है। (मैं जैन धर्म या बौद्ध धर्म को हिन्दू धर्म से अलग नहीं मानता।) हिन्दू धर्म न केवल मनुष्य मात्र की बल्कि प्राणिमात्र की एकता में विश्वास रखता है। मेरी राय में गाय की पूजा करके उसने दयाधर्म के विकास में अद्भुत सहायता की है। यह प्राणिमात्र की एकता और उसकी पवित्रता में विश्वास रखने का व्यावहारिक प्रयोग है' (मेरे सपनों का भारत—महात्मा गांधी, पृ. 215)। सहनशीलता, उदारता, आत्माभिव्यक्ति की स्वतंत्रता और प्राणिमात्र के प्रति दयाभाव जैसी विशेषताएँ गांधी को हिन्दू धर्म में ही अधिक मात्रा में दिखाई दी थीं।

हिन्दू धर्म को लेकर गांधी ने मई, 1933 में जवाहरलाल नेहरू को लिखे पत्र में ऐसे ही भाव व्यक्त किये थे जब गांधी 21 दिनों का उपवास करने जा रहे थे : 'सारे संसार में इतनी बुरी चीज (अस्पृश्यता) और कोई नहीं है। फिर भी मैं धर्म को और इसलिए हिन्दुत्व को छोड़ नहीं सकता। हिन्दू धर्म से अगर मैं निराश हो जाऊँ तो मेरा जीवन मेरे लिए एक बोझ बन जाएगा। हिन्दुत्व की मार्फत मैं ईसाई, इस्लाम और दूसरे धर्मों से प्रेम करता हूँ। वह छीन लिया जाए तो मेरे पास बचता ही क्या है? लेकिन मैं छुआछूत और ऊँच-नीच की मान्यता के रहते इसे सहन

नहीं कर सकता। सौभाग्य से हिन्दू धर्म में इस बुराई का रामबाण इलाज भी है। मैंने इस इलाज का इस्तेमाल भी किया है।'—हिन्दू धर्म की एक भयानक बुराई अस्पृश्यता की भावना का विरोध करते हुए भी गांधी उसके सकारात्मक पक्षों के कारण सम्मान देते थे।

गांधी की दृष्टि में धर्म के सार तत्त्व—प्रेम, अहिंसा, सहिष्णुता, समभाव आदि हैं। ईसाइयत, इस्लाम में ये चीजें हैं, लेकिन बौद्ध एवं जैन मतों को भी अपने में समाहित करनेवाले हिन्दू धर्म में उन्हें ये बातें अधिक नजर आती हैं और यह निराधार भी नहीं है क्योंकि 'अहिंसा परमो धर्म' का महान मानव-भाव जैन-बौद्ध धर्मों के रास्ते हिन्दू धर्म मुख्य तत्त्व बन गया। अहिंसा का महत्त्व ईसाइयत एवं इस्लाम में अवश्य है किन्तु उसे परम धर्म तो नहीं माना गया।

गांधी ने संस्कृति को धर्म और धर्म को स्वभाव बना दिया। सुनने में यह जितना आसान लगता है, व्यवहार में उतारना यह उतना ही दुष्कर कार्य है। धर्म गांधी के लिए सहज जीवन जीने की एक नैसर्गिक पद्धति है। वे आजीवन जिस धर्म की साधना करते रहे, वह करुणा, दया, बल, परहित, अपरिग्रह आदि मानवीय मूल्यों का संश्लेषण हैं। इन तमाम मूल्यों को गांधी ने भावना के स्तर पर ग्रहण किया था। इन भावों को सशक्त करने में गांधी को अन्य धर्मों से जो मदद मिली, उसे उन्होंने आभार और सादर स्वीकार किया। गांधी धर्म को मत-विशेष या पंथ-विशेष या सम्प्रदाय या मजहब के अर्थ में न प्रयुक्त करके दया, क्षमा, त्याग, सेवा, संयम, सन्तोष, अपरिग्रह, परहित आदि उदात्त मूल्यों से निर्मित संस्कृति के अर्थ में ग्रहण करते हैं। वह उसे अपना स्वभाव बनाकर आचरण में ढाल लेते हैं। धर्म वहाँ बाहरी रीति-रिवाजों से मुक्त होकर दिखावा नहीं रहता, कर्तव्य बन जाता है। भारतीय चिन्तन-परम्परा के अनुरूप गांधी ने धर्म शब्द को ग्रहण करते हुए उसे राजनीति, समाजनीति एवं मानव जीवन-शैली में सर्वोपरि स्थान दिया है। भारतीय सन्दर्भ में धर्म क्या है, इसे बहुत कम लिखकर, अनिवार्य महत्त्व के कथाकार बननेवाले गुलेरी स्पष्ट करते हैं : 'पश्चिम की शिक्षा का प्रभाव जिन लोगों पर पड़ा है, वे चाहे हमारे स्वदेशी बाँधव ही क्यों न हों, हमको भी यह सलाह देते हैं कि हम भी यदि इस जातीय उन्नति की दौड़ में भाग लेना चाहते हैं तो धर्म की ऐसी कोई सीमा नियत कर दें, जिससे आगे वह अपने पैर न फैला सके। उनका यह कथन है कि जब तक हमारे हर एक काम में धर्म का पचड़ा लगा हुआ है, हम समय की गति के साथ नहीं चल सकते और न अपना कोई जातीय आदर्श बना सकते हैं। जो लोग हमको यह सलाह देते हैं, हम उनके सद्भाव में कोई सन्देह नहीं कर सकते और यह भी

हम मानते हैं कि देशहित की प्रेरणा से ही वे यह सलाह हमको देते हैं, पर हाँ, यह हम अवश्य कहेंगे कि वर्तमान धार्मिक अवस्था के विकृत स्वरूप को देखकर और हमारे धर्म के वास्तविक तत्त्व पर गम्भीर दृष्टि न डालकर ही यह सहमति दी जाती है। यदि धर्म को उसके वास्तविक रूप में देखा जाए तो वह कदापि उपेक्षणीय नहीं हो सकता। यद्यपि विदेशियों के संसर्ग या हमारे दुर्भाग्य से यहाँ भी धर्म का विधेय वह नहीं रहा, जो प्राचीन काल में था। हमें यह कहने में कुछ भी संकोच नहीं है कि सभ्यता के आदि-गुरु आर्यों का धर्म मतवाद से सर्वथा पृथक् है। इस मतवाद को धर्म समझने का यूरोप में यह परिणाम हुआ कि वह राजनीतिक और सामाजिक क्षेत्र से ही अलग नहीं किया गया किन्तु मानसिक और नैतिक उच्च भावों की रीति के लिए भी अनावश्यक समझा गया। उसका सम्बन्ध केवल उपासनालयों से रह गया और वह भी रविवार के दिन घंटे-दो घंटे के लिए' (चंद्रधर शर्मा 'गुलेरी'—निबन्धों की दुनिया, (सं). डॉ. निर्मला जैन; पृ. 40)। यहाँ गुलेरी ईसाइयत की ओर इशारा कर रहे हैं। गांधी की धर्म-विषयक दृष्टि भी लगभग ऐसी ही है; वे भी धर्म को समग्रता में समझते और स्वीकार करते हैं।

'गांधी की धर्म-विषयक सोच कथित सेक्यूलरों के लिए चुनौती और परेशानी का कारण बनती है। असल में दिखावटी और बनावटी प्रगतिशील गांधी ही नहीं; धर्म पर विचार करनेवाले उदार लोगों के प्रति भी प्रतिक्रियावादी रवैया अपनाते रहे हैं—भारतीय नवजागरण के पुरोधाओं तक के धर्म-सम्बन्धी चिन्तन को इस मतवादी रंग के चश्मे से देखते हुए उन्हें साम्प्रदायिक सिद्ध करने में अपनी मौलिकता की बरसात करने लगते हैं। रिलीजियस मतवाद के चश्मे ने हमें अपने पूरे इतिहास-संस्कृति को सही-सही समझने में सहायक एवं हीनताबोध से ग्रसित तो बनाया ही, अपनी संस्कृति के सूर्य-पुरुषों के साथ भी हमसे अनुचित आचरण कराता गया है। तुलसी तो दूर, हमने भारतीय नवजागरण से जुड़े राजा राममोहन राय से लेकर दयानन्द सरस्वती, स्वामी विवेकानन्द, लोकमान्य तिलक, महात्मा गांधी, अरविन्द—सबके धर्म-संकुल चिन्तन को सम्प्रदायगत मतवादी सिद्ध करना अपने आधुनिकता-बोध का अनिवार्य लक्षण बना लिया। इन सबके साथ हम सम्यक् न्याय कर सकें, इसके लिए आवश्यक है कि धर्म को मतवाद या कर्मकांड समझने की दोषपूर्ण दृष्टि से हम अपने को मुक्त करें। इस दोष से मुक्त होने पर हम धर्म को विज्ञान एवं राजनीति का विरोधी समझने की भ्रांति से भी मुक्त हो सकेंगे—तुलसी और गांधी का धर्म-सम्बन्धी चिन्तन हमें यही सीख देता है। असल में गांधी सर्वधर्म समभाव के आधुनिक प्रस्तावक हैं। हिन्दू धर्म उनकी निगाह में परिपूर्ण जीवन-

पद्धति है। इसलिए उसके तमाम आलोचकों की आलोचना से अविचलित रहकर वे उसकी खूबियाँ देखते हैं और उस पर डटे रहते हैं' (डॉ. भगवान सिंह—तुलसी और गांधी, पृ. 245)। गांधी का धर्म कर्मकांडों से बोझिल, दिखावटी, आयोजित नहीं था। हिन्दू धर्म के वर्णाश्रम धर्म को समाज को सुचारु रूप से चलाने की एक व्यवस्था मानते थे। वर्णवादी ऊँच-नीच की उन्होंने आलोचना की और निरन्तर सम्यक् समीक्षा करके उसे अपने समकाल के अनुरूप ढालने में वे काफी हद तक सफल भी रहे थे।

गांधी की दलित-चिन्ता

गांधी के चिन्तन एवं कर्म में दलित-चिन्ता गुँथी हुई है। उन्होंने इसका व्यापक दायरे में अर्थ ग्रहण किया। उन्होंने अनेक अवसरों पर अपने भाषणों एवं लेखों में इस बात का जिक्र किया कि जो देश गुलाम है, वहाँ का हर व्यक्ति गुलाम है और जो गुलाम होगा, वह दलित ही कहलाएगा। गांधी ने दलित-पीड़ा दक्षिण अफ्रीका में रंगभेद से उत्पीड़ित भारतीयों तथा गिरमिटिया मजदूरों की जिन्दगी में देखी। दलित की वेदना अपने अछूतों में, बाल-विधवाओं में और जिस्मफरोशी का धन्धा कर पेट पालने के लिए मजबूर 'पतित बहनों' में देखी। दलित की व्यथा उन्हें अंग्रेज निलहे जमींदारों द्वारा सताए जा रहे चम्पारण के किसानों में दिखाई पड़ी, तो दलित की आह-कराह उन्हें देश के हरेक फटेहाल, भूख से बेहाल, बेरोजगार आदमी की साँसों में सुनाई पड़ी। दलित की पीड़ा उस हरेक भारतीय में उन्होंने देखी जिसकी 1930 तक औसत दैनिक आय दो आने से भी कम थी और इससे भी आगे बढ़कर उस पूरे राष्ट्र में उन्होंने दलित की पीड़ा का साक्षात्कार किया जो औपनिवेशिक शासन के जुए तले दिनोंदिन गरीब, कंगाल होता जा रहा था। गांधी के लिए दलित का दायरा अत्यन्त विस्तृत था जिसके अन्तर्गत न केवल मनुष्य बल्कि मनुष्येतर प्राणी शामिल थे जो भोजन-जैसी बुनियादी जरूरत की चीज से वंचित थे। मनुष्येतर प्राणियों के प्रति गांधी की यह दलित-व्यथा ही थी जो पक्षियों के सम्बन्ध में भी उनसे ऐसा उद्‌गार व्यक्त करवा सकी : 'मैंने तो शोक-विह्वल मन से ऐसे पंछी भी देखे हैं जो शक्ति के अभाव में लाख प्रोत्साहन और हिम्मत देने पर भी अपने डैने फड़फड़ा तक

नहीं पाए' (महान प्रहरी, पृ. 11)। उनकी दलित संवेदनशीलता की ही व्यापकता थी कि वे अछूतों की दयनीय दशा देखकर चीत्कार कर उठते हैं कि 'जब तक अछूतपन नहीं मिटता, स्वराज्य नहीं आ सकता', तो पतित बहनों की दशा से द्रवित हो 'स्वराज्य' को एक और नया अर्थ दे डालते हैं कि 'स्वराज्य का अर्थ पतितों का उद्धार है' (वही)। छुआछूत के खिलाफ उनमें नैसर्गिक विरोध का जन्मजात आवेग था : 'तब मैं मुश्किल से बारह साल का था तब ऊका नाम का एक भंगी हमारे घर की टट्टियाँ साफ किया करता था। मैं अपमी माँ से प्रायः पूछा करता था कि उसे छूना क्यों बुरा है? यदि संयोग से उसे छू जाता तो मुझे नहाने के लिए कहा जाता था। मैं इसे मान तो लेता था, फिर भी आपत्ति जरूर करता और कहता कि अछूतपन धर्मसम्मत नहीं है। मैं अपनी माँ से कहा करता कि उनका यह खयाल कि उससे छू जाना पाप है, बिलकुल गलत है' (महात्मा गांधी, सत्य के मेरे प्रयोग, पृ. 25)। बालावस्था में कितनी मर्मस्पर्शी सोच थी!

इसी सोच के परिपक्व हो जाने पर गांधी यह कह सके कि 'अछूतों का एक जुदा वर्ग बना देना हिन्दू धर्म के माथे पर कलंक है। यह अस्पृश्यता-रूपी राक्षस तो रावण से भी भयंकर है और जब हम इसी राक्षस की पूजा करते हैं, तब तो हमारे पाप की गुरुता और भी बढ़ जाती है। यदि इसे धर्म कहें तो धर्म से मुझे घृणा होती है। यह हिन्दू धर्म हो ही नहीं सकता। मैंने तो हिन्दू द्वारा ईसाई धर्म और इस्लाम का आदर करना सीखा है, फिर यह पाप हिन्दू धर्म का अंग कैसे हो सकता है? इस पाखंड और अज्ञान के खिलाफ यदि जरूरत पड़े तो मैं अकेला लड़ूँगा, अकेला तपश्चर्या करूँगा और नाम जपते हुए मरूँगा' (नवम्बर, 1917, गोधरा में दिया भाषण)। अपने अस्पृश्यता-विरोधी अभियान को व्यापक बनाने का मौका गांधी को मिल गया।

अस्पृश्यता के दशानन से वे आजीवन लड़ते रहे। सन् 1920 में पूरे देश में ब्रिटिश राज के विरुद्ध असहयोग आन्दोलन का आरम्भ करते समय इस आन्दोलन के दौरान गांधी ने अस्पृश्यता-उन्मूलन के प्रति राष्ट्रीय स्तर पर जनमानस में हलचल मचा दी। यह ब्रिटिश राज के विरुद्ध राष्ट्रव्यापी चेतना जगाने जैसा कार्य था। सभी वर्गों एवं वर्णों के हित के लिए राजनीतिक आजादी को आवश्यक मानते हुए गांधी 1920-22 के बीच देश के विभिन्न भागों में असहयोग आन्दोलन के पक्ष में जनजागरण का शंखनाद करते रहे। वे एक तरफ इस आन्दोलन में अस्पृश्यों से शामिल होने की अपील करते रहे, तो दूसरी तरफ छुआछूत माननेवालों से अपने मन-मस्तिष्क से इस अमानवीय प्रवृत्ति को मिटा डालने का आग्रह करते रहे। उनके सामने दलित पत्रकारों ने यह सवाल रखा कि अस्पृश्यों के लिए राजनीतिक स्वतंत्रता

से ज्यादा महत्त्वपूर्ण सामाजिक समानता का सवाल है। इस ज्वलंत समस्या को ध्यान में रखते हुए गांधी ने अपनी स्वराज्य-सम्बन्धी परिकल्पना में अस्पृश्यता-निवारण को अभिन्न अंग के रूप में स्वीकार कर लिया। 1920 से गांधी लगातार अपने भाषणों एवं लेखों के माध्यम से समूचे भारतवर्ष को यह बताने लगे कि 'जब तक हिन्दू समाज अस्पृश्यता के पाप से मुक्त नहीं होता, तब तक स्वराज्य की स्थापना होना असम्भव है' (नवजीवन, मार्च, 1921)। अस्पृश्यता की अमानवीय प्रथा मनुष्यद्रोही नहीं, राष्ट्रद्रोही भी थी, इसे गांधी अच्छे से समझ गए थे।

दलितों को उनका हक और सम्मान दिलाने के लिए डॉ. भीमराव अम्बेडकर ने महान काम किए; इसमें शायद ही किसी की कोई असहमति हो लेकिन गांधी ने बेशक अपने तरीके से यह काम उनसे पहले शुरू किया था। डॉ. भगवान सिंह के अनुसार, आधुनिक भारत के इतिहास का एक बहुत बड़ा सच यह है कि पूरे देश में अस्पृश्यता के विरोध की जैसी जन-जागृति गांधी ने अपने चिन्तन एवं कार्यों के जरिये पैदा की, उसके पहले किसी व्यक्ति ने नहीं की थी। अम्बेडकर के कार्यों का पूरा सम्मान करते हुए यह तथ्य स्वीकार करना पड़ता है कि उनके आन्दोलन का प्रभाव मुख्यत: महाराष्ट्र तक सीमित रहा जबकि गांधी के अछूतोद्धार आन्दोलन से पूरा देश प्रभावित हुआ। उनके इस कार्य के महत्त्व को रेखांकित करते हुए 'गांधी की अन्तर्दृष्टि' नामक लेख में धर्मपाल कहते हैं : 'अस्पृश्यों एवं अन्त्यजों के लिए स्वामी दयानन्द कुछ बातें किया करते थे, दूसरे लोग भी किया करते थे लेकिन भारत में छुआछूत की जो पद्धति चल रही थी, वह मुख्यत: गांधी जी के प्रयासों से हल्की पड़ी। अस्पृश्यता हटाने में अनेक का हाथ रहा लेकिन गांधी जी ने इसे लेकर जो-जो काम किया, उससे अस्पृश्य समाज के रास्ते खुल गए और अपना रास्ता तय करना उनके लिए आसान हो गया। 1925-35 के जमाने में तो वही हिन्दुस्तान के राजा थे। अंग्रेज तो नाम के राजा थे, असली राजा तो महात्मा गांधी थे। उन्होंने अस्पृश्यों के पक्ष में अनेक फैसले करवाए, जो हो सकता है, उनको पसन्द न आए हों और बाद में गांधी जी से नाराज भी हुए हों लेकिन उनके लिए जो रास्ते खुलवाने थे, महात्मा गांधी ने खुलवा ही दिये। उन रास्तों के खुलने के बाद फिर डॉ. अम्बेडकर जैसे लोग भी बड़ा काम कर सके और अन्य लोग भी कर सके' (चिन्तन-सृजन : त्रैमासिक, जुलाई-सितम्बर, 2011)। दलित और प्रगातिशील चिन्तक मानते हैं कि वर्णाश्रम व्यवस्था को बनाये रखने की बात करना और अस्पृश्यता-उन्मूलन के पक्ष में आवाज उठाना, यह गांधी के सोच और विचारगत अन्तर्विरोध हैं। इसलिए गांधी की दलित-सहानुभूति उनकी दृष्टि में दिखावटी या किताबी है। यह निष्कर्ष भी

अतिरेकवादी है। डॉ. भगवान सिंह के अनुसार, गांधी अन्त्यजों को ही नहीं, शूद्रों और आदिवासियों को भी अपनी दृष्टि से ओझल नहीं करते हैं। उनके अनुसार, गांधी के दलित-सरोकार का एक अन्य आयाम आदिवासी समुदाय को राष्ट्रीय आन्दोलन से जोड़ने में दिखाई देता है। सर्वविदित है कि गांधी ने अनेक वर्णों, वर्गों, धर्मों के लोगों को संगठित कर राष्ट्रव्यापी असहयोग आन्दोलन चलाया। इस क्रम में उन्होंने दीन-हीन-विपन्न अवस्था में रहनेवाले वनवासियों को भी इस आन्दोलन से जोड़ा ताकि जो स्वराज प्राप्त हो, वह उनकी भी दलित-दशा से मुक्ति का कारण बने। यद्यपि जनजातीय क्षेत्रों में बरसों से पृथक् रूप से अंग्रेज-विरोधी आन्दोलन चलते आ रहे थे लेकिन उन सबका एक समन्वित राष्ट्रीय धारा में जोड़ने का काम गांधी जी द्वारा असहयोग आन्दोलन द्वारा ही हुआ। कुमार सुरेश सिंह ने अपनी पुस्तक 'ट्राइबल सोसायटी इन इंडिया' में काफी विस्तार से विभिन्न जनजातीय समुदायों द्वारा चलाए गए आन्दोलनों का विश्लेषण करते हुए बतलाया है कि बहुत सारे जनजातीय समुदाय और उनके नेता गांधी जी से प्रभावित होकर कांग्रेस से जुड़ गए। श्री सिंह ने तथ्यों के हवाले से यह सत्य सामने रखा है कि 'महात्मा गांधी और उनके आन्दोलन के प्रति अनुकूल रुख प्रकट करनेवालों का बहुत बड़ा हिस्सा वैष्णव मत में समाहित हो चुका था। इस समुदाय के नेता भक्ति-परम्परा से काफी ओत-प्रोत थे। इसलिए वे उस बोली को समझने में सक्षम थे जिसमें गांधी अपना सन्देश व्यक्त कर रहे थे' (डॉ. भगवान सिंह—तुलसी और गांधी, पृ. 117-118)। गांधी की दलित-चिन्ता अखबारी नहीं थी। दलित जातियों के साथ, अतिदलितों और जनजातियों की पीड़ा को उन्होंने देखा और समझा था और अपनी तरह से उनके समाधान भी सुझाये थे।

गांधी की भाषा ही नहीं, भावों को भी आदिवासी और वनवासी-जन ठीक से समझ रहे थे : 'ओरांवों के बीच भिल भगत, ताना भगत और सन्थालों के बीच सफा होर, होस के बीच हरिबाबा आन्दोलन और गोंड के बीच राजमोहिनी के आन्दोलन आदि ने गांधी के नेतृत्व में चलनेवाले स्वाधीनता आन्दोलन में जनजातीय राज एवं कृषक समुदाय के अधिकारों के समुत्थान का अवसर देखा। इन भगत सम्प्रदायों के अधिकांश ने स्वाधीनता आन्दोलन को पहले रखा। गांधी के रचनात्मक कार्यक्रम में उन्हें जीवन का एक ताजा स्फुरण प्राप्त हुआ। बहुत सारे भगत भारतीय राष्ट्रीय कांग्रेस के निष्ठावान अनुयायी बन गए और सर्वाधिक प्रतिकूल परिस्थितियों में भी इसके साथ जुड़े रहे। पिछड़े इलाकों में जनजातियों के बीच वे स्वाधीनता आन्दोलन के ध्वाजारोही बन गए। दिलचस्प बात तो यह हुई कि होस और भिलों

के बीच आन्दोलन के नेता अपने को 'गांधी का चेला' कहने लगे। ओरांव प्रदेश के हृदयस्थल में ताना भगत आन्दोलन 1921 में असहयोग आन्दोलन में विलीन हो गया। गांधी ने उन्हें अहसास कराया कि देश के असली राजा वे ही थे जो कुली बना दिये गए हैं। अगर वे शराब पीना और विदेशी कपड़ों का इस्तेमाल करना छोड़ दें, तो वे फिर राजा बन सकते हैं। उनके लिए गांधी एक देवता थे जो अंग्रेजों को बन्दूक और सिपाहियों की मदद के बिना ही खदेड़ बाहर करेंगे और एक धर्मराज की स्थापनाा करेंगे। इस बोध के फलस्वरूप ताना आन्दोलन मुख्य राष्ट्रीय धारा और कांग्रेस की विचारधारा में सम्मिलित हो गया' (ट्राइबल सोसायटी इन इंडिया—के.एस. सिंह, पृ. 158)। गांधी ने असहयोग आन्दोलन में 'जल, जंगल, जमीन' से वास्ता रखनेवाले उपेक्षित वनवासियों और आदिवासियों तथा अन्य जनजातीय समूहों को जोड़कर अपने दलित-उद्धार के आन्दोलन को बहुआयामी बना दिया था।

स्त्री-जीवन के प्रश्न और गांधी

गांधी ने स्वतंत्रता आन्दोलन में महिलाओं की भूमिका को एक क्रान्तिकारी दिशा दी थी। वे महिलाओं को घर की चारदीवारी और पर्दे से बाहर लाए थे। उनका विश्वास था कि नारी की गुलामी देश की सर्वांगीण आजादी में बड़ी बाधा है। आजादी के रणक्षेत्र में नारी की सुनिश्चित भागीदारी उन्होंने तय की थी। उन्हें बन्द कमरों से बाहर खुली हवा में निकाला। गांधी ने प्राचीन विचार-परम्परा का पालन करते हुए नारी को परिवार की प्रथम शिक्षिका माना और उनकी शिक्षा-दीक्षा पर बल दिया। गांधी ने इस बात पर सर्वाधिक बल दिया कि देश की सबसे बड़ी पूँजी जनता और उसकी सुव्यवस्था, सुख-समृद्धि के लिए शिक्षा और रोजगार की उपलब्धता आवश्यक है।

भारतीय समाज में मध्यकाल के दौरान स्त्री की स्थिति में काफी बदलाव आया। वह किसी भी जाति-वर्ण की हो; अपने परिवार में वह हाशिए पर धकेल दी गई। आधुनिक जीवन में स्त्री-जीवन में सुधार को लेकर अनेक सामाजिक-सांस्कृतिक आन्दोलन हुए। डॉ. भगवान सिंह इस सन्दर्भ में गांधी द्वारा किए गए कार्य को रेखांकित करते हुए कहते हैं : 'जहाँ तक आधुनिक युग में भारत की स्त्रियों को सामाजिक, राजनीतिक विषमताओं एवं पराधीनताओं से मुक्त कराने का सवाल है, महात्मा गांधी का समस्त कृतित्व इस बात का सबूत है कि इस सम्बन्ध में उनसे अधिक सकारात्मक व्यापक कार्य किसी ने न उससे पहले किया था, न बाद में ही किया है। यह सही है कि उन्नीसवीं शताब्दी में जो भारतीय नवजागरण बंगाल एवं महाराष्ट्र-गुजरात की धरती से शुरू हुआ, स्त्री-दशा में सुधार लाना, गुणात्मक

परिवर्तन लाना उसका एक मुख्य सरोकार था। बंगाल में राजा राममोहन राय द्वारा सती-दाह के रिवाज का विरोध, ईश्वरचंद्र विद्यासागर द्वारा विधवा-पुनर्विवाह का प्रचार, महाराष्ट्र में जोतिबा फुले, पंडिता रमाबाई तथा स्वामी दयानन्द सरस्वती के 'आर्य-समाज' द्वारा स्त्रियों की दशा में सुधार के लिए किये गए प्रयास आदि के रूप में स्त्री-समस्या के प्रति आरम्भ में ही भारतीय नवजागरण ने अपना संवेदनशील एवं जागरूक चरित्र प्रकट कर दिया था। इस लिहाज से गांधी जी आधुनिक काल में स्त्री-मुक्ति के सवाल को उठानेवाले प्रथम व्यक्ति नहीं थे। सच तो यह है कि नारी-आन्दोलन के नाम से उन्होंने कोई पृथक् आन्दोलन भी नहीं चलाया, लेकिन उसे अपने रचनात्मक कार्यक्रम का जरूर अनिवार्य अंग बनाया। नारी-जागृति की दृष्टि से उनका सबसे बड़ा मौलिक अवदान यह हुआ कि उन्होंने इसे अपने पूरे स्वराज्य-जागरण का एक अभिन्न अंग बनाते हुए राष्ट्रव्यापी जागरण का रूप दे दिया। स्त्रियों की पराधीनता, पिछड़ेपन, शोषण, जिस्मफरोशी आदि के लिए जिम्मेवार अशिक्षा, बाल-विवाह, पर्दा-प्रथा, आर्थिक परावलम्बन जैसी कुरीतियों के खिलाफ वे अपने रचनात्मक कार्यों के जरिये जीवनपर्यन्त जागरण चलाते रहे। दूसरे शब्दों में कहें, तो वे स्त्री-मुक्ति की राष्ट्रीय वाणी बनकर सामने आए' (डॉ. भगवान सिंह—तुलसी और गांधी, पृ. 160-61)। गांधी के 'हिन्द स्वराज' में लैंगिक समानता का भाव भी अन्तर्भुक्त है। 'मेरे लिए हिन्द स्वराज्य का अर्थ सब लोगों का राज्य, न्याय का राज्य है।' भारत का लोकतंत्र विश्व का सबसे बड़ा लोकतंत्र है जहाँ अनेक जातियों, धर्मों और भाषाओं के बावजूद सबको बराबरी का हक मिला है, जहाँ स्त्री-पुरुषों के बीच कोई असमानता नहीं है बल्कि भारत में महिलाएँ जीवन के सभी क्षेत्रों में शीर्ष पर पहुँची हैं और हर क्षेत्र में वे अपनी क्षमता का प्रदर्शन करने में सफल रही हैं। भारतीय लोकतंत्र की यह सबसे बड़ी सफलता रही है कि यहाँ संवैधानिक पदों पर हर जाति, धर्म और भाषा के लोगों को बिना किसी लिंगभेद के पदासीन होने के अवसर मिले हैं। राजनीतिक, सामाजिक, आर्थिक और सांस्कृतिक क्षेत्रों में सबको आगे बढ़ने और अपनी प्रतिभा को प्रदर्शित करने के समान अवसर मिले हैं।

स्वतंत्रता आन्दोलन में महिलाओं की भागीदारी को गांधी जी ने सुनिश्चित करने के लिए प्रेरित किया। उन्होंने महिलाओं के संघर्ष को राष्ट्रीय स्वतंत्रता संघर्ष के साथ जोड़ा। अस्पृश्यता के अभिशाप को दूर करने में महिलाओं के सहयोग पर बल दिया। दिनेश मिश्र के अनुसार, महिलाओं को घर में रहकर भी जिस तरह से गांधी जी ने राष्ट्रीय स्वतंत्रता आन्दोलन से जोड़ा, उसने आन्दोलन को और सुदृढ़ किया। वास्तव में गांधी जी महिलाओं के प्रति किसी भी प्रकार के कुव्यहार के धुर

विरोधी थे और महिला अधिकारों के प्रति संवेदनशील थे। वे ऐसे शोषणमुक्त समाज के पक्षधर थे, जहाँ सामाजिक, राजनीतिक और आर्थिक समानता हो। महिला सशक्तीकरण के लिए उनके प्रयास का अनुमान इससे लगाया जा सकता है कि बिना सूचना प्रौद्योगिकी क्रान्ति के उन्होंने देश की लाखों शिक्षित-अशिक्षित महिलाओं तक अपनी आवाज पहुँचाई और उनमें चेतना जगाई। 'भारतीय स्त्रियों का पुनरुत्थान' लेख में गांधी जी ने महिलाओं के अधिकारों की वकालत करते हुए लिखा : 'अहिंसा की नींव पर रचे गए जीवन की रचना में जितना और जैसा अधिकार पुरुष को अपने भविष्य की रचना का है, उतना और वैसा ही अधिकार महिला को भी अपने भविष्य तय करने का है।' वहीं, ग्रामीण महिलाओं के बारे में उन्होंने लिखा : 'मैं भली भाँति जानता हूँ कि गाँवों में औरतें अपने मर्दों के साथ बराबरी से टक्कर लेती हैं। कुछ मामलों में उनसे बढ़ी-चढ़ी हैं और हुकूमत भी चलाती हैं। लेकिन हमें बाहर से देखनेवाला कोई भी तटस्थ आदमी यह कहेगा कि हमारे समूचे समाज में जड़ कानूनों और रूढ़ियों से औरतों को जो दर्जा मिला है, उसमें कई खामियाँ हैं और उन्हें जड़मूल से सुधारने की जरूरत है।' महिलाओं के हक के बारे में गांधी जी कहा करते थे कि 'महिलाओं के सवाल पर मैं किसी तरह का समझौता स्वीकार नहीं कर सकता। मेरी राय में उन पर ऐसा कोई कानूनी प्रतिबन्ध नहीं लगाया जाना चाहिए जो पुरुषों पर न लगाया गया हो। बेटों और बेटियों में किसी तरह का कोई भेद नहीं होना चाहिए। उनके साथ पूरी समानता का व्यवहार होना चाहिए। गांधी जी ने दहेज प्रथा का न केवल घोर विरोध किया बल्कि उनका विचार था कि यह प्रथा नष्ट होनी चाहिए।' गांधी जी ने दहेज प्रथा के उन्मूलन के लिए जाति-बंधन को तोड़ने पर जोर दिया। उन्होंने विधवाओं के पुनर्विवाह को उचित ठहराते हुए कहा कि 'अगर इस पवित्रता की और हिन्दू धर्म की रक्षा करना चाहते हैं, तो इस जबर्दस्ती लादे जानेवाले वैधव्य के विष से हमें मुक्त होना ही होगा। इस सुधार की शुरुआत उन लोगों को करनी चाहिए, जिनके यहाँ बाल-विधवाएँ हों।' उन्होंने इसे और स्पष्ट करते हुए कहा कि 'बाल-विधवाओं के इस विवाह को मैं पुनर्विवाह का नाम नहीं देना चाहता, क्योंकि मैं जानता हूँ कि उनका विवाह हुआ ही नहीं।'

गांधी जी महिला शिक्षा के भी प्रबल समर्थक थे और उन्होंने अपने इस विचार को रेखांकित करते हुए कहा कि 'मैं स्त्रियों की समुचित शिक्षा का हिमायती हूँ लेकिन मैं यह भी मानता हूँ कि स्त्री दुनिया की प्रगति में अपना योग पुरुष की नकल करके या उसकी प्रतिस्पर्धा करके नहीं दे सकती।' गांधी जी का यह स्पष्ट मत रहा है कि स्त्री को पुरुष की पूरक बनना चाहिए।

महिलाओं के प्रति गांधी के सकारात्मक दृष्टिकोण का एक महत्त्वपूर्ण पहलू यह है कि वे महिलाओं को पुरुषों के मुकाबले अधिक सुदृढ़ और सहृदय मानते थे। वे नारी को अबला कहने के भी सख्त खिलाफ थे। उनकी यह धारणा उनके आचरण, लेखों तथा व्याख्यानों में अनेक बार प्रकट हुई। इस सन्दर्भ में महात्मा गांधी का यह उद्धरण जानने योग्य है : 'उन्हें अबला पुकारना महिलाओं की आन्तरिक शक्ति को दुत्कारना है। यदि हम इतिहास पर नजर डालें तो हमें उनकी वीरता की कई मिसालें मिलेंगी। यदि महिलाएँ देश की गरिमा बढ़ाने का संकल्प कर लें तो कुछ ही महीनों में वे अपनी आध्यात्मिक अनुभूति के बल पर देश का रूप बदल सकती हैं।'—परिवार, समाज और देश की दशा-दिशा निर्धारित करने में औरतों की बड़ी भूमिका से गांधी परिचित थे।

महात्मा गांधी को कई आलोचक धार्मिक, सांस्कृतिक तथा सामाजिक मामलों में परम्परावादी तथा अनुदार मानते हैं। दिनेश मिश्र के अनुसार, 'जहाँ तक हिन्दू समाज में महिलाओं की स्थिति का प्रश्न है, गांधी जी ने जो दृष्टि बीसवीं शताब्दी की शुरुआत में न केवल अपने भीतर विकसित की, बल्कि उसे अपने आचरण में भी उतारा। वह इक्कीसवीं शताब्दी के इस चरण में भी काफी क्रान्तिकारी लग सकती है। कभी-कभी यह बात बहुत अचरज-भरी लगती है कि अन्यानेक सामाजिक मामलों में परम्परावादी रीति-नीति का समर्थन करनेवाले गांधी जी महिलाओं से जुड़े प्रश्नों पर इतनी गहरी उदारतावादी और समतावादी दृष्टि कैसे अपना पाए? परन्तु उनका आचरण तथा उनके लेख, भाषण, पत्र आदि इस तथ्य के जीवंत प्रमाण हैं कि वे नारी को पुरुष से किसी भी बात में कम नहीं आँकते थे और सहिष्णुता जैसे मामलों में तो औरतों को पुरुषों से अधिक समर्थ और सक्षम मानते थे। यही कारण है कि उन्होंने कांग्रेस में महिलाओं को नेतृत्व का पूरा अवसर दिया। विभिन्न आन्दोलनों में औरतों को शरीक करने के साथ-साथ उनके सामाजिक, शैक्षिक, आर्थिक और राजनीतिक उत्थान के कार्यक्रम भी चलाए। नारी-मुक्ति के लिए महिलाओं को एकदम सहज ढंग से स्वतंत्रता आन्दोलन का अभिन्न अंग बनाया।'—औरत की आजादी को गांधी ने देश की आजादी से जोड़कर देखा।

समकालीन समाज में औरतों को जो भी हक या कानूनी अधिकार मिले हैं, उनके मूल में कहीं-न-कहीं गांधी का अप्रतिम योगदान माना जा सकता है। दरअसल, महिला-अधिकारों के सम्बन्ध में आज जो सकारात्मक वातावरण हमें दिखाई दे रहा है, उसकी नींव गांधी जैसे आजादी के नायकों ने बहुत पहले रख दी थी। उनके सामाजिक आन्दोलन इसके उदाहरण हैं। जैसेकि आज के शराबबन्दी,

नशाबन्दी या स्त्रियों की शिक्षा जैसे आन्दोलन गांधी के सामाजिक आन्दोलनों में गहरे परिलक्षित होते नजर आते हैं। प्रतिष्ठित सामाजिक कार्यकर्ता इला भट्ट ने 'गांधी ऑन वुमेन' पुस्तक की भूमिका में लिखा है : 'महिलाओं ने गांधी जी के नेतृत्व में चले जन-आन्दोलन में सहजता से भाग लिया। इससे भारतीय महिलाओं के जीवन में हमेशा के लिए एक मोड़ आ गया। मैं यह कहना चाहूँगी कि यदि गांधी जी यह मोड़ न लाए होते तो मैं वह न होती जो मैं आज हूँ। यह बात आज की हर महिला पर लागू होती है।'—गांधी वह प्रेरक सहसूत्र थे जिसके कारण औरतें आजादी के आन्दोलन में सक्रिय तौर पर जुड़ी थीं।

महात्मा गांधी महिलाओं को रूढ़ियों और कुप्रथाओं से मुक्त करने और स्वतंत्र रूप से व्यक्तित्व विकास के हिमायती रहे हैं। उन्होंने महिलाओं के हक में जोरदार ढंग से तब आवाज उठाई, जब भारत में महिलाओं की दयनीय स्थिति होने के बावजूद कोई आवाज नहीं उठाता था। कोई कल्पना भी नहीं करता कि स्त्रियाँ भी स्वतंत्र हो सकती हैं। लेकिन गांधी ने बिना किसी की परवाह किये स्त्रियों के उद्धार के लिए कई कदम उठाए। उन्होंने बाल विवाह, परदा प्रथा और दहेज जैसी कुरीतियों के खिलाफ आवाज उठाई और घर के बाहर सार्वजनिक जीवन में उनकी भागीदारी सुनिश्चित की। पहले दक्षिण अफ्रीका, फिर भारत में चल रहे स्वतंत्रता आन्दोलन में महिलाओं को शामिल किया।

औरतों में अहिंसा की विशेष शक्ति है, इसे गांधी ने रचनात्मक तरीके से, खास कर महिलाओं को अहसास कराया। वे ब्रिटेन में मताधिकार के लिए वहाँ की महिलाओं के आन्दोलन से प्रभावित हुए थे। इसके बाद ही उन्होंने दक्षिण अफ्रीका और फिर बाद में भारत में आजादी के लिए उनके नेतृत्व में किये जा रहे विभिन्न सत्याग्रहों और आन्दोलनों में महिलाओं को बढ़-चढ़कर हिस्सा लेने और जरूरत पड़े तो जेल तक जाने के लिए प्रोत्साहित किया।

गांधी समूची मानवजाति का सम्मान करते थे परन्तु महिलाओं के लिए उनके हृदय में अत्यन्त गहरी सहानुभूति और आदर का भाव मौजूद था। समूचे स्वतंत्रता आन्दोलन के दौरान उन्होंने अनेक महिलाओं को न केवल स्वतंत्रता संघर्ष में कूदने के लिए प्रेरित किया, बल्कि उन्हें नेतृत्व करने का भी अवसर दिया। स्वाधीनता संघर्ष के इतिहास में सरोजिनी नायडू, सुचेता कृपलानी, सुशीला नैयर, विजय लक्ष्मी पंडित, अरुणा आसफ अली, इंदिरा गांधी तथा कई अन्य महिला नेताओं ने आन्दोलन को सशक्त बनाने में योगदान दिया। इसके अलावा बहुत-सी महिलाओं ने महात्मा गांधी की प्रेरणा से सामाजिक उत्थान तथा अन्य रचनात्मक कार्यों को

अपनाया। यही नहीं, गांधी ने कुछ विदेशी महिलाओं को भी अपने व्यवहार से इतना प्रभावित किया कि वे अपना देश छोड़कर न केवल भारत में बस गईं, बल्कि उन्होंने भारतीय नाम और जीवन-पद्धति भी अपनाई और रचनात्मक कार्यों में सक्रिय सहयोग दिया। इनमें सरलाबेन तथा मीराबेन जैसे नाम विशेष रूप से उल्लेखनीय हैं।

दक्षिण अफ्रीका के प्रवासी भारतीयों के अधिकार के सिलसिले में गांधी ने 1906 और 1909 में दो बार लन्दन का दौरा किया। वहाँ उन्होंने देखा कि महिलाएँ मताधिकार के लिए कैसे अपने अहिंसक आन्दोलन को आगे बढ़ा रही थीं। दिनेश मिश्र कहते हैं कि 'गांधी जी ने ब्रिटेन की महिलाओं को बहादुर बताते हुए उनके समर्थन में कई बार अपने अखबार 'इंडियन ओपिनियन' में लिखा। बाद में 1918 में ब्रिटेन की महिलाओं को मताधिकार हासिल होने में कामयाबी भी मिली। इस कामयाबी के सौ साल पूरे हो गए हैं। जाने-माने इतिहासकार रामचंद्र गुहा का कहना है कि ब्रिटेन की इन महिलाओं का गांधी जी पर गहरा असर पड़ा। ब्रिटेन की महिलाओं के संघर्ष ने दक्षिण अफ्रीका में गांधी जी के प्रदर्शन के तरीके को प्रभावित किया और उनके अपने देश लौटने पर उनके फैसलों को प्रभावित किया, जिससे उन्होंने स्वतंत्रता के साथ ही पूर्ण मताधिकार की माँग का समर्थन किया।'—गांधी औरतों को किसी भी स्तर पर कमतर या कमजोर नहीं मानते थे। उन्होंने भारतीय महिलाओं को उनकी ताकत से परिचित कराया!

स्त्री-विमर्श चलाये बिना या कहें, कथित नारी-मुक्ति की नारेबाजी का शोर मचाए बगैर 'तुलसी के परिकल्पित 'रामराज्य' में 'नर अरु नारि चतुर सब गुनी, सब गुनग्य पंडित सब ग्यानी' की स्थिति तो है लेकिन गांधी के समय के हिन्द में स्त्रियों के लिए शिक्षित, ज्ञानी होने के सारे दरवाजे बन्द थे। गांधी जिस स्वराज्य को रामराज्य के रूप में देख रहे थे, उसमें स्त्रियाँ भला शिक्षा के अधिकार से कैसे वंचित रह सकती थीं? इसलिए वे स्त्रियों की शिक्षा की पक्षधरता करते रहे।'—शिक्षा के माध्यम से आत्मनिर्भरता और स्वावलम्बन से सम्मान अर्जित करने का रास्ता गांधी दिखा रहे थे। वे जान रहे थे कि शिक्षित स्त्री परिवार और समाज को शिक्षित करती है। वह अपने कर्तव्य ठीक से समझती है और अपने अधिकारों के लिए संघर्ष कर सकती है। उन्होंने 22 जून, 1907 के 'इंडियन ओपिनियन' में लिखा : 'जब तक भारत में स्त्रियों को आवश्यक शिक्षा नहीं मिलती, तब तक भारत की हालत सुधर नहीं सकती। स्त्री पुरुष की अर्द्धांगिनी मानी जाती है। यदि हमारा आधा शरीर मुर्दा हो जाए, तो हम मानते हैं कि हमें लकवा मार गया है और बहुत से कामों के लिए अयोग्य हो जाते हैं। इसी प्रकार स्त्री का जो उपयोग होना चाहिए, यदि वह न हो

तो सारे भारत को लकवा मार गया है, यही मानना पड़ेगा और ऐसी हालत में यदि भारत दूसरे देशों के आगे टिक न सके तो उसमें आश्चर्य की बात कौन-सी है? इस तरह का विचार हर माता-पिता को अपनी लड़की के बारे में करना चाहिए। हमें ऐसी हजारों स्त्रियों की जरूरत है जो मीराबाई और राबिया की बराबरी करें' (इंडियन ओपिनियन : 22 जून, 1907, पृ. 4)। स्पष्ट है कि गांधी अग्रगामी राष्ट्र-निर्माण के लिए मीरा और राबिया जैसी आत्मनिर्भर और प्रखर मेधा-सम्पन्न स्त्रियों का हजारों की संख्या में समाज में होना जरूरी मानते थे। इसके लिए वे शिक्षा को अनिवार्य समझते थे। अपनी इस सोच पर गांधी जीवन-पर्यन्त कायम रहे और अधिक से अधिक स्त्रियों को शिक्षा और अध्ययन की सुविधा दिलाने का संघर्ष करते रहे।

स्त्री की प्रगति में बाधक कुरीतियों का गांधी विरोध करते रहे। इनमें पर्दा-प्रथा भी एक थी। इसकी वजह से स्त्रियाँ मुक्त रूप से घूमने-फिरने में असमर्थ थीं। उनकी प्रगाति और समाजोपयोगी कार्य करने की क्षमता भी प्रभावित और बाधित होती थी। कुलीन वर्ग परम्परा और रिवाज के नाम पर पर्दे को स्त्रियों के शील का कवच समझता था। इस कथित रक्षा-कवच को गांधी ने समाज और राजनीति के क्षेत्र में तोड़ने की कठिन लड़ाई लड़ी। इस 'रक्षा-कवच' पर प्रहार करते हुए 3 फरवरी, 1927 के 'यंग इंडिया' में गांधी ने 'पर्दे को समाप्त कीजिए' का उद्घोष करते हुए लिखा : 'पवित्रता ऐसी चीज नहीं जिसे कृत्रिम रूप से बढ़ाया और कायम रखा जा सके, न उसे किसी के ऊपर बलात् थोपा ही जा सकता है। वह तो आन्तरिक इच्छा का ही परिणाम हो सकती है और तभी इसका महत्त्व है जबकि आकस्मिक प्रलोभनों के सामने भी वह टिक सके। किसी भी हालत में समर्पण को तैयार न होने की सीता जैसी दृढ़ता उसके लिए आवश्यक है। पुरुषों को देखते ही अगर वह काफूर हो जाए तो उसका फिर क्या मूल्य? पुरुष अगर सचमुच पुरुष हों तो उन्हें अपनी स्त्रियों पर वैसा ही विश्वास करना चाहिए, जैसाकि स्त्रियों को उन पर करना पड़ता है। राम की हम पूजा करते हैं परन्तु जैसे वह स्वतंत्र और स्वाधीन हैं, वैसी ही स्वतंत्र और स्वाधीन सीता भी न होतीं तो उनका वैसा महत्त्व नहीं हो सकता था परन्तु सहज स्वाधीनता के लिए तो द्रौपदी का उदाहरण शायद अधिक उपयुक्त होगा। सीता जी तो जन्म से कुसुमवत् सुकुमार थीं जबकि द्रौपदी विशाल वृक्ष की तरह सुदृढ़। उसकी निरंकुश इच्छा के आगे महापराक्रमी भीम तक को झुकना पड़ता था। भीम से सब डरते थे, पर द्रौपदी के सामने तो मानो वह मेमने ही बन जाते थे। भारत की स्त्रियों के विकास में रुकावट डालने की कोशिश करके आज हम स्वतंत्र और स्वाधीन भावना वाले मनुष्यों के विकास में रुकावट डाल रहे हैं, परन्तु अपनी स्त्रियों के साथ

हम जैसा व्यवहार करते हैं, वही फिर सहस्र गुणा होकर हमें भी भुगतना पड़ता है। हमारे अन्दर जो निर्बलता, दुविधा, संकीर्णता और मजबूरी आज दिखाई पड़ती है, उसकी जिम्मेदारी किसी अंश तक इसी पर है। अत: हमें प्रयत्न करके पर्दे की कुप्रथा का तो अन्त कर ही देना चाहिए' (यंग इंडिया, 3 फरवरी, 1927, पृ. 3)। गांधी की इस सन्दर्भ में प्रस्तावित निष्पत्ति तार्किक, वैज्ञानिक और सुचिन्तित है। यह बिलकुल सही निष्कर्ष है कि स्वतंत्र और स्वाधीन स्त्री ही बाहुबली, द्वन्द्वरहित, उदार और दृढ़निश्चयी सन्तानों को जन्म दे सकती है। विवश माँ की सन्तानें दास-भावना से मुक्त नहीं हो सकती हैं।

गांधी स्त्रियों के स्वतंत्र व्यक्तित्व के विकास के मार्ग में पसरे हुए अवरोधकों को हटाने का काम मिशन की तरह करते रहे। उन्होंने स्त्री-दुर्दशा के एक अन्य बड़े कारण बाल-विवाह का भी प्रत्यक्ष और सशक्त विरोध किया। बाल-विवाह का चलन भारत की स्त्रियों की दुर्दशा, दुर्बलता, पिछड़ेपन का एक बहुत बड़ा कारण था। इस कुप्रथा के खिलाफ भी गांधी ने लोगों को जागरूक करने का संघर्ष किया। 26 अगस्त, 1926 के 'यंग इंडिया' में गांधी ने 'बाल-विवाह का अभिशाप' शीर्षक से एक लेख लिखा जिसमें उन्होंने इसे अमानवीय प्रथा कहते हुए बहुत तीखे शब्दों में इसका विरोध किया : 'जिसे आत्मसंयम से कुछ भी सरोकार न हो और जो पाप में डूबा हो, वही कह सकता है कि कन्या के रजस्वला होने के पूर्व ही उसका विवाह कर देना चाहिए और ऐसा न करना पाप है। बाल-विवाह की यह प्रथा नैतिक और शारीरिक, दोनों दृष्टियों से हानिकर है। इससे नैतिकता की जड़ें खोखली होती हैं और हममें शारीरिक निर्बलता आती है। ऐसी प्रथाओं को रहने देकर हम स्वराज्य और ईश्वर, दोनों से दूर रहते हैं' (यंग इंडिया, 26 अगस्त, 1926, पृ. 7)। गांधी ने स्त्री-जीवन से जुड़ी बाल-विवाह, पर्दा-प्रथा जैसी कुरीतियों का विरोध तथा स्त्री-शिक्षा का समर्थन कर स्त्रियों की दशा में सुधार लानेवाले आवश्यक और महत्त्वपूर्ण कार्य किये।

भारतीय नवजागरण में उभरे समाज-सुधार एवं धर्म-सुधार के आन्दोलनों में स्त्री-समस्या से जुड़े लेकिन अनदेखे रह जानेवाले अभिशप्त स्त्रियों के उद्धार के सवाल से भी गांधी टकराए। जिस्मफरोशी से जीविका चलानेवाली इन औरतों को पतिता, वेश्या, गणिका कहकर पददलित किया जाता रहा। यह बात ध्यान रखने लायक है कि ऐसी स्त्रियों के सम्बन्ध में गांधी का रवैया सिर्फ कोरी सहानुभूति तक सीमित नहीं था बल्कि वे स्वदेशी जागरण अभियान के तहत चरखे के जरिये उनको इस अपमानजनक और लगातार शोषित होने की दयनीय अवस्था से मुक्ति

दिलाने का उपाय प्रस्तावित कर रहे थे। 21 सितम्बर, 1919 के 'नवजीवन' में उन्होंने लिखा : 'हमारी गलती, आलस्य अथवा लापरवाही के कारण गरीब बहनें रोजगार के अभाव में अत्याचार का शिकार होती हैं। यदि मुझसे सच पूछा जाए तो चरखा सभी बहनों के शील का सर्वोत्तम रक्षक है। आप शायद कहें—गरीब बहनों की बात तो समझ में आती है लेकिन अन्य बहनों का चरखे के साथ क्या सम्बन्ध है? कहावत है—'खाली दिमाग शैतान का घर'। हमारी सम्पन्न बहनें अपना समय बातचीत अथवा गप्पें मारने में गँवा देती हैं। इसके विपरीत यदि वे अपना समय कुछ उपयोगी कामकाज में लगाएँ तो उनका मन तथा उनके हाथ-पैर अच्छी तरह से व्यस्त रहें और यदि चरखा कातने का काम करें तो उससे दूना लाभ हो लेकिन हमें तो इस बात पर विचार करना है कि यदि गरीब बहनें परवश हो अपना शील खो बैठें, तो कैसे उनकी मदद की जाए? यदि आप बहनें अपना सारा समय इस कार्य में लगा सकें, तब तो आपको गाँव-गाँव जाकर यह मालूम करना चाहिए कि आपकी गरीब बहनें क्या करती हैं? यदि उन्हें कातना न आता हो तो कातना सिखाएँ, उन्हें रुई की पूनियाँ दें तथा उनसे सूत लेकर उनकी मजूरी चुका दें। अतएव मैं आशा करता हूँ कि लोकजीवन का उन्नयन करनेवाली, हिन्दुस्तान को आसानी से आर्थिक स्वतंत्रता दिलानेवाली इस महान प्रवृत्ति में आप अपनी सामर्थ्य के अनुसार भाग लेंगी' (नवजीवन, 21 दिसम्बर, 1919, पृ. 8)। मेहनत से आर्थिक आत्मनिर्भरता अर्जित करके गांधी उबरने का मार्ग दिखा रहे हैं। गांधी का यह आदर्शवादी रवैया इस सन्दर्भ में सार्थक है कि इन औरतों के सम्बन्ध में गांधी जो कुछ कह रहे थे, वह किसी राजनीतिक या बौद्धिक की किताबी जुगाली नहीं थी। कई वर्षों तक देश और दुनिया का भ्रमण करते हुए, विभिन्न समुदायों-समूहों से संवाद स्थापित करते हुए, उनकी समस्याओं से परिचित होते हुए जो अनुभव प्राप्त किए थे, उसके आधार पर वे अपने विचार एवं कार्य को सकर्मक रूप दे रहे थे। सितम्बर, 1921 में बारीसाल में रात के नौ-दस बजे लगभग सौ वेश्याओं के साथ उनका जो संवाद हुआ, उसका घटनाक्रम 11 सितम्बर, 1921 के 'नवजीवन' में छापते हुए उन्होंने बड़ी पीड़ा के साथ लिखा : 'ये बहनें जान-बूझकर इस पाप में नहीं पड़ीं। पुरुषों ने उन्हें इसमें गिराया है। अपने विषय-भोग के लिए उन्होंने स्त्री-जाति के ऊपर घोर अत्याचार किया है। जिनको इस बात पर दर्द होता है, उन्हें चाहिए कि वे प्रायश्चित्त के रूप में इन पतित बहनों को हाथ का सहारा दें। जब-जब इन बहनों का चित्र मेरी आँखों के सामने आता है, तब-तब मुझे खयाल होता है कि अगर ये मेरी ही बहनें या बेटियाँ होतीं, तो? और होतीं तो क्यों, वे हैं ही। उनको उठाना मेरा काम है। प्रत्येक पुरुष

का काम है। इसी से चरखे का स्वर मुझे बड़ा प्यारा लगता है। यह स्त्रियों की सुरक्षा करनेवाला किला है। हिन्दुस्तान में रहनेवाली ऐसी बहनों को सहारा देनेवाली दूसरी कोई चीज मुझे नहीं दिखाई देती' (नवजीवन, 21 सितम्बर, 1919, पृ. 7)। इसी लेख में उन्होंने कुलीन वर्ग की महिलाओं से निवेदन करते हुए लिखा : 'बहनो, यह सब मालूम हो जाने के बाद तो तुमको भी इस पर विचार करना है। पतित बहनों के हृदय-मन्दिर में तो तुम्हीं प्रवेश कर सकती हो। जब तक ऐसी पतित बहनों के उद्धार के लिए स्वयं तुम सामने नहीं आओगी, तब तक मुझ जैसे लोगों के प्रयत्न भी निष्फल ही होंगे। स्वराज्य का अर्थ है—पतितों का उद्धार' (वही, पृ. 4)। स्पष्ट है कि उनका स्वराज आर्थिक स्वाधीनता से जुड़ा था। इस वर्ग की आर्थिकी भी उनकी दृष्टि में थी जो इस धरातल पर पराधीन होने के कारण लगातार शोषित और दमित हो रहा था। दक्षिण भारत में देवदासियों के रूप में अपमानित जीवन जीनेवाली स्त्रियों के सम्बन्ध में भी गांधी ऐसी ही अपील अपने लेखों में करते रहे।

कहना पड़ेगा कि भारतीय समाज में क्षुद्रतम समझी जानेवाली स्त्रियों को उबारने का जो कार्य भारतीय नवजागरण एवं समाज-सुधार आन्दोलन का अंग नहीं बन पाया था, उसे गांधी ने समाज-सुधार एवं राष्ट्रीय जागरण की धारा में शामिल करने का साहस प्रदर्शित किया था। 'स्वराज्य का अर्थ पतितों का उद्धार है'—गांधी ने यह कहकर स्वराज्य की परिकल्पना में एक नया आयाम भी जोड़ दिया। सचमुच जिन्हें समाज में सदियों से पतिता, गणिका, कुलटा समझकर लांछित किया जाता रहा, उन्हें बेटी एवं बहन का दर्जा देना, उन्हें इस रूप में अपने सम्मान एवं स्नेह का पात्र बनाने की गांधी द्वारा निरन्तर अपील करते रहना बहुत साहस एवं माननीय उच्चता का परिचय देना था। इस मुद्दे पर गांधी बुद्ध और तुलसी का न सिर्फ समवेत, संयुक्त प्रतिरूप बन जाते हैं, बल्कि उन दोनों की पतित-उद्धार विरासत को बहुत आगे ले जानेवाले सिद्ध होते हैं। आज भी हममें ऐसे कितने क्रान्तिकारी, विद्रोही हैं जो इन स्त्रियों को बेटी-बहन का दर्जा दे सकें? ऐसा नैतिक साहस न होने के कारण ही हमारी उत्तर-आधुनिकता ने विकल्प के रूप में इनके लिए 'सेक्स वर्कर' जैसा शब्द खोज लिया है। गांधी ने ऐसी आधुनिक शब्दावली अपनाने के बजाय इस गर्हित स्थिति को मिटा देने की दिशा में कदम बढ़ाए। उन्होंने उन स्त्रियों को जो शुचिता और पवित्रता की लक्ष्मण-रेखा के अन्दर रहकर देह-व्यापार में संलग्न इन औरतों को घृणा की दृष्टि से देखती थीं, इनकी मददगार बनने की गुहार लगाकर शुचिता और पतिता की कथित दीवार को भी ध्वस्त करने का सामाजिक तरकीब पेश की जो वाकई सामाजिक दृष्टि से बड़ी क्रान्तिकारी बात थी। गांधी ने पुरुषों के

साथ-साथ स्त्रियों को भी स्त्रियों के उद्धार-कार्य में प्रवृत्त करने का नैतिक माहौल बनाया जो इस देश के इतिहास में शायद पहला प्रयास था। डॉ. भगवान सिंह गांधी के स्त्री-उद्धार सम्बन्धी दृष्टि की गहनता और व्यापकता लक्षित कर कहते हैं : 'पूर्ववर्ती सुधारों का दायरा उच्च वर्ण की स्त्रियों तक सीमित था। गांधी जी ने जो अनोखा काम किया, वह यह कि उच्च वर्ण की स्त्रियों से सम्बद्ध इन समस्याओं को अपने कार्यक्रम में समेटा ही, आर्थिक स्वावलम्बन के पक्ष का समावेश कर सभी वर्णों की स्त्रियों—अमीर-गरीब, महल-झोपड़े में रहनेवाली सभी स्त्रियों के साथ-साथ 'पतित बहनों' को इसमें शामिल कर स्त्री-मुक्ति के दायरे को अत्यन्त व्यापक, जनवादी बना दिया, यह दीगर बात है कि जनवादियों की सूची में जनवादियों द्वारा गांधी को शामिल नहीं किया जाता।

'सचमुच देखा जाए तो स्त्रियों को पराधीन, शोषित, दलित, पतित बनानेवाली एवं उनके व्यक्तित्व के विकास को अवरुद्ध करनेवाली पुरुष समाज कृत रूढ़ियों, रिवाजों का विरोध करने, उनके विरुद्ध अधिकार दिलाने का काम जिस तरह गांधी जी ने किया, उस तरह उनके पूर्व भारतीय इतिहास में किसी समाज-सुधारक या धर्म-प्रवर्तक द्वारा नहीं किया गया था' (डॉ. भगवान सिंह—तुलसी और गांधी, पृ. 168)। असल में गांधी इस समस्या से व्यावहारिक तौर पर जूझ रहे थे। इस सिलसिले में वे कह कम रहे थे, कर ज्यादा रहे थे।

गांधी स्त्री को अबला न मानकर उसके सशक्त पक्षों को रेखांकित करते रहे। सच तो यह है कि आजादी के लिए संघर्ष करने, जेल जाने, यातनाएँ सहने में स्त्रियों ने पुरुषों को पीछे छोड़ दिया। इस सबका नतीजा हुआ कि आजादी मिलने के बाद यहाँ की स्त्रियों को वे सभी राजनीतिक अधिकार संविधान द्वारा प्रदान कर दिये गए। इन अधिकारों को हासिल करने के लिए यूरोप या अमेरिका की स्त्रियों को जिस तरह अलग से आन्दोलन करना पड़ा था, वैसी नौबत भारत की स्त्रियों को नहीं झेलनी पड़ी। गांधी के स्त्री-मुक्ति-सम्बन्धी कार्यों के ऐतिहासिक महत्त्व को उजागर करनेवाली आचार्य जे.बी.कृपलानी की यह सारगर्भित पंक्तियाँ देखिए : 'आधुनिक काल में स्त्रियों के उद्धार का जितना काम गांधी जी ने किया, उतना अन्य किसी ने नहीं किया। अहिंसा पर आधारभूत स्वतंत्रता की लड़ाई में उनके भाग लेने के कारण उन्हें नागरिक रूप में अपने कर्तव्य-पालन का अवसर प्राप्त हुआ। चूँकि अधिकार कर्तव्य-पालन के फलस्वरूप ही प्राप्त होते हैं, इसलिए स्वतंत्रता के बाद भारत की स्त्रियों को राष्ट्रीय जीवन के प्रत्येक क्षेत्र में पुरुषों के समान ही सब सुविधाएँ उपलब्ध हो गईं। स्मरणीय है कि इस विषय में पुरुषों की ओर से कभी कोई विरोध

नहीं हुआ। इसलिए यूरोप तथा अन्य देशों की स्त्रियों की तरह भारत की स्त्रियों को अपने अधिकारों की प्राप्ति के लिए अलग से कोई लड़ाई लड़ने की जरूरत नहीं पड़ी' (महात्मा गांधी : जीवन और चिन्तन—जे.बी.कृपलानी, पृ. 429)। स्पष्ट है कि गांधी ने औरतों को बराबरी की नागरिकता पाने के लिए लड़ना सिखाया, उनकी लड़ाई में स्वयं पहलकदमी की।

गांधी सामाजिक जीवन के तमाम क्षेत्रों में स्त्री की सक्रिय भागीदारी सुनिश्चित करना चाहते थे। इस सम्बन्ध में प्रख्यात सामाजिक कार्यकर्त्री इला भट्ट की यह आत्म-स्वीकृति खासा महत्त्व रखती है : 'जनसामान्य के बीच स्त्रियों को बहुत ही प्रकृत रूप से शामिल कर गांधी जी ने भारतीय नेताओं के बीच अनोखा उदाहरण प्रस्तुत किया। उनके द्वारा नेतृत्व किए गये जन-आन्दोलनों में स्त्रियों ने बहुत ही स्वाभाविक ढंग से हिस्सा लिया और इससे भारतीय स्त्रियों के जीवन में हमेशा-हमेशा के लिए युगान्तकारी परिवर्तन आया। मैं बहुत ही विनम्रतापूर्वक स्वीकार करती हूँ कि अगर गांधी जी ने स्त्रियों के लिए इतना बड़ा काम न किया होता, उनके जीवन को नई दिशा न दी होती तो आज मैं जो कुछ बन पाई हूँ, वह कभी सम्भव नहीं हो पाता। यह सत्य आज भारत की हर स्त्री के साथ लागू होता है' (पुष्पा जोशी—'गांधी ऑन वुमैन' का प्राक्कथन)। गांधी स्त्री की भूमिका केवल घर-परिवार तक सीमित नहीं मानते थे। आश्चर्य की बात है कि उन्होंने औरत की भूमिका समाज और देश के सन्दर्भ में ही नहीं; ग्लोबल मोर्चों पर उस समय पहचान ली थी जब भारतीय राजनीति का ठीक से जन्म भी नहीं हुआ था।

शिक्षा का वर्तमान और गांधी-दृष्टि

जिस प्रकार वर्तमान शिक्षा-प्रणाली जटिल, अव्यावहारिक, एक हद तक अनुपयोगी और मानवीय मूल्यों से रहित है; शिक्षा का वर्तमान भी अनिश्चितताओं के धुंधलके से घिरा है। ऐसे में आश्चर्यजनक रूप से गांधी का शिक्षा-सम्बन्धी नजरिया आज की शैक्षिक जरूरतों से जुड़ा है। शिक्षा व्यक्ति, परिवार, समाज, और देश की दिशा निर्धारित करनेवाला मुख्य माध्यम है। शिक्षा के उद्देश्य समूचे राष्ट्र की दशा-दिशा को प्रभावित करते हैं। आज का समय मध्यकाल से ज्यादा ह्रास का समय है। इसलिए शिक्षा-व्यवस्था के प्रमुख घटकों—शिक्षक और विद्यार्थियों—का उत्तरदायित्व बढ़ गया है। शिक्षा कैसी हो? क्या वह केवल मानवीय मूल्यों को प्रस्तावित करे या कमाई अर्जित करने का साधन मात्र बने?—स्पष्ट है कि ये प्रश्न मामूली लगते हुए भी कठिन हैं। ऐसे में गांधी की शिक्षा-सम्बन्धी सोच अँधेरे में उजाले का काम करती है। शिक्षा पर कोई किताब लिखे बिना उनके विचार किसी भी शिक्षाशास्त्री को राह दिखाने में सक्षम हैं।

गांधी ने भारत को नजदीक से देखा, समझा और परखा था। उन्हें देश की समस्याओं का पता था और काफी हद तक उनके हल भी उन्हें मालूम थे। वे अपने समकाल से जुड़े थे लेकिन भविष्य उनकी आँखों से ओझल नहीं था। इसलिए उन्होंने शिक्षा को मूल्य मानते हुए उसे सैद्धान्तिक अवधारणा से ऊपर उठाकर व्यवहार में तलाशना और देशकाल वातावरण की अनुकूल शिक्षा-व्यवस्था को अपनाने का समर्थन किया।

आज जिस कौशल-दक्षता की बात हो रही है, उसे गांधी ने दशकों पहले ऐसा ही विचार प्रस्तावित किया था। किताबी शिक्षा के साथ हस्तकार्य में निपुणता की बात उन्होंने ही सबसे पहले की थी। सतत प्रयोगशीलता, गहन समाज-निरीक्षण और प्राथमिक अनुभवों के बाद वे इस नतीजे पर पहुँचे कि शिक्षा प्रदान करने और ग्रहण करने में प्रेम और सेवा की अनिवार्य उपस्थिति होनी चाहिए। इसके साथ ही ज्ञान के व्यवहारीकरण की पक्षधरता करते हुए उन्होंने लिखा : 'जो शिक्षा चित्त की शुद्धि न करे, आजीविका निर्वाह का साधन न बनाये तथा स्वतंत्र रहने का हौसला उत्पन्न न करे, भले ही उस शिक्षा में कितनी ही जानकारी का खजाना भरा हो, वह व्यक्ति को तार्किक कुशलता प्रदान करे, उसे भाषा का पंडित बना दे, पर वह सच्ची शिक्षा नहीं है।'—यानी चित्त की शुद्धि करनेवाली और अपने पैरों पर खड़ा करने की ताकत देने वाली शिक्षा ही वास्तविक अर्थों में व्यक्ति को शिक्षित करती है।

गांधी ने शिक्षा को व्यक्ति और समाज, दोनों धरातलों पर परखा है। वे निजी स्वतंत्रता का आदर करते थे। लेकिन व्यक्ति को सामाजिक प्राणी मानते हुए समाज के नियमों का पालन करना भी जरूरी समझते थे। जो शिक्षक व्यक्ति को सामाजिक बनाने में समर्थ हो; वही वास्तव में गुरुपद पर प्रतिष्ठित होने का अधिकारी है। जो शिक्षा इन शर्तों को पूरा करती हो, वही बच्चे का सर्वांगीण विकास करने में सक्षम है। शिक्षा के माध्यम से जीविकोपार्जन और स्वावलम्बन—दोनों का अर्थ एक ही था। लेकिन शिक्षा सांस्कृतिक मूल्य से भी जुड़ी होनी चाहिए। क्योंकि उनके समय की ब्रिटिशकालीन शिक्षा-प्रणाली सांस्कृतिक मूल्यों की अवहेलना करती थी। लॉर्ड मैकाले साफ शब्दों में कहता था कि भारतीयों को ऐसी शिक्षा देनी चाहिए जो आँख और दिमाग बन्द करके केवल अंग्रेजों की सेवा करने के लिए उन्हें तैयार करें : 'अंग्रेजी शासन को एक ऐसा वर्ग बनाने का प्रयत्न करना चाहिए जो अंग्रेजी सरकार और भारतीय जनता के बीच दुभाषिये का काम कर सके और जो केवल रंग-रूप से भारतीय रहे किन्तु मस्तिष्क, रीति-नीति और आचार-विचार अंग्रेजी रंग में रँग जाए।'—गांधी अंग्रेजी शिक्षा में दीक्षित थे इसलिए इसके क्रूर निहितार्थ से परिचित थे।

उस समय की शिक्षा-प्रणाली में कई दोष घुस गए थे। गांधी ने उन्हें दूर करने के उपाय सुझाए। उन्होंने इसके लिए किताबी सिद्धान्त नहीं गढ़े बल्कि स्वयं प्रयोग किए। जोहान्सबर्ग से कुछ दूर फार्म हाउस किराये पर लेकर उन्होंने सत्याग्रही परिवारों के बच्चों को पढ़ाने के लिए टॉल्स्टॉय फार्म के नाम से स्कूल खोला, जिसमें तीन घंटे पढ़ाया-लिखाया जाता था। यह प्रक्रिया मातृभाषा में सम्पन्न होती थी। बाकी

तीन घंटे बच्चों को कोई हाथ का हुनर सिखाया जाता था। 1911 से लेकर 1914 तक वहाँ यह शैक्षिक अनुष्ठान चलता रहा। 1915 में साबरमती आश्रम में इसे फिर चलाया गया। 1936 में गांधी ने 'हरिजन' पत्र के माध्यम से अपने शिक्षा-सम्बन्धी विचार प्रचारित करने शुरू किए। अक्टूबर, 1936 में नई शिक्षा-व्यवस्था पर विचार-विमर्श के लिए उन्होंने शिक्षाविदों का अखिल भारतीय सम्मेलन आयोजित किया। इसके सभापति स्वयं गांधी थे। इसमें उनके विचारों पर पर्याप्त विमर्श हुआ। कई महत्त्वपूर्ण प्रस्ताव पारित किये गए। यह प्रस्ताव प्रारम्भिक शिक्षा के मूलभूत सिद्धान्त हैं। शिक्षा-सम्मेलन में यहाँ अनेक देशों के प्रतिनिधियों ने अपने देशों की शिक्षा-व्यवस्था में शिक्षा-सम्बन्धी 'गांधियन फार्मूला' को शामिल किया।

इन सिद्धान्तों में सबसे प्रमुख है मातृभाषा के माध्यम से सात वर्षों तक नि:शुल्क अनिवार्य शिक्षा दी जाए। रोजगारोन्मुख यह शिक्षा व्यक्ति को स्वावलम्बी बनाए। निजभाषा में दी गई रोजगारोन्मुख या उद्योग-केन्द्रित शिक्षा को प्राथमिकता देने के पीछे गांधी का प्रमुख उद्देश्य भविष्य के नागरिकों को अंग्रेजी शिक्षा के दुष्परिणामों से बचाना था। अंग्रेजी शिक्षा में दीक्षित लोग श्रम से बचकर सुविधाजीवी बन रहे थे। नवयुवक अपना काम करने से कतराने लगे थे। समाज दो वर्गों में बँट रहा था। एक शरीरिक काम करनेवाले किसान, मजदूर वर्ग और दूसरा शिक्षित वर्ग—जो कार्यालय में बैठकर की जानेवाली 'व्हाइट कॉलर' नौकरी को तरजीह दे रहा था। इस बारे में गांधी ने कहा था कि 'पढ़ाई के साथ-साथ लड़कों को जो कुछ सिखाया जाए, वह किसी-न-किसी उद्योग या दस्तकारी के जरिये सिखाया जाए।' यह अग्रगामी सोच थी। क्रान्तिकारी होने के कारण गांधी के इस स्वावलम्बन-सिद्धान्त की कटु आलोचना हुई।

वर्धा सम्मलेन में उन्होंने अपनी इस सोच को विस्तार देते हुए कहा था कि 'मैं इस बात के लिए बहुत उत्सुक हूँ कि दस्तकारी के जरिये विद्यार्थी जो कुछ पैदा करें, उसकी कीमत से उनकी शिक्षा-दीक्षा का खर्चा निकल सके क्योंकि मुझे यकीन है कि देश के करोड़ों बच्चों को तालीम देने के लिए इसके सिवाय कोई दूसरा रास्ता नहीं है।'—यह एक प्रकार से प्राचीन गुरुकुल शिक्षा-व्यवस्था का आधुनिक अवतार था। आचार्य नरेन्द्रदेव जैसे समाजवादी चिन्तक ने भी इस सिद्धान्त की आलोचना की। इसका विरोध करते हुए उन्होंने कहा कि 'शिक्षक हों या छात्र—शिक्षा में कमाने की प्रवृत्ति का आना दुर्भाग्य की बात है। विद्यार्थियों की बनाई वस्तुओं से कभी भी विद्यालय का खर्च नहीं निकलेगा, इसके विपरीत उनके शोषण की आशंका बनी रहेगी।'—गांधी के इस सिद्धान्त की आलोचना करने से पहले उस समय की स्थिति

को समझना आवश्यक है। परतंत्र राष्ट्र आर्थिक संकटों से गुजर रहा था। शिक्षा-व्यवस्था को चलाये रखने में इन सुझावों का अपना महत्त्व था। आज भी देश के कर्णधार इस बात पर जोर दे रहे हैं कि शिक्षा संस्थाओं को अपनी व्यवस्था चलाये रखने के लिए आवश्यक वित्त स्वयं जुटाना चाहिए। उच्च शिक्षा में प्रस्तावित 'सेल्फ फाइनेंसिंग स्कीम' ठेठ ऐसी ही है! सूक्ष्मता से गहराई में जाकर गांधी के इस विचार का विश्लेषण किया जाए तो हम पाते हैं कि यह स्वावलम्बन का गुण विकसित करने की दिशा में बढ़ाया गया पहला कदम है। कर्म के महत्त्व को समझने और समझाने के लिए काम करना जरूरी है, जिसकी जरूरत आज बढ़ गई है।

समकालीन सन्दर्भों में गांधी के शिक्षा-सम्बन्धी विचार अधिक प्रासंगिक और महत्त्वपूर्ण हो गए हैं, जबकि गांधी के युग और वर्तमान समय में बड़ा परिवर्तन आया है। नवयुवक शिक्षा ग्रहण करने से ही जी चुरा रहे हैं; बल्कि कहना होगा कि मेहनत के प्रति नफरत की भावना उनमें जाग रही है। 'शॉर्टकट' अपनाकर जैसे-तैसे 'इजी मनी' को इकट्ठा करने की होड़ मची हुई है। कम समय में ज्यादा पैसा कमाने के लिए अतिरिक्त प्रतिभा-सम्पन्न युवक विदेशों में पलायन कर रहे हैं। समाज में शोषण की आदत बढ़ रही है। इस हालत से निपटने में गांधी का यह विचार महत्त्वपूर्ण है कि छात्र जीवन से ही स्वरोजगार और स्वावलम्बन की तैयारी करनी चाहिए।

गांधी शान्तिपूर्ण समाज-निर्माण या समाज में शान्ति स्थापना के लिए मानवीय मूल्यों से युक्त उचित शिक्षा की पक्षधरता करते रहे। आज विद्यार्थियों में खोखला अहं भरता जा रहा है। दूसरी तरफ मेडिकल, प्रबन्धन, इंजीनियरिंग के छात्र तनाव के कारण नशाखोरी के शिकार बनते जा रहे हैं, जिसका सीधा असर समाज पर पड़ रहा है। इसलिए गांधी ने वैज्ञानिक दृष्टि से सम्पन्न शिक्षा-व्यवस्था के साथ आध्यात्मिक मूल्यों से समृद्ध शिक्षा की वकालत की थी। यह तभी हो सकता था जब शिक्षा को श्रम से जोड़ा जाता। इसको ध्यान में रखकर 2005 में राष्ट्रीय पाठ्यचर्या की रूपरेखा में यह केन्द्रीय विचार प्रस्तावित किया गया कि सच्चे अर्थ में शिक्षा वही है जो व्यक्ति को मानवीय मूल्यों से जोड़े। उसे सहज निर्णय लेने में सक्षम बनाये। शान्ति-निर्माण की प्रक्रिया से जुड़कर वह कर्म का महत्त्व समझे और अफसर नहीं, मनुष्य बन सके यानी गांधी परोक्ष-अपरोक्ष रूप से आज भी शिक्षा-व्यवस्था को सही रास्ता दिखाने वाले शिक्षक की भूमिका निभा रहे हैं। आवश्यक बस यही है कि आज के अनुरूप विचारों को अमल में लाया जाए।

गांधी : बड़े जीवन की संक्षिप्त रूपरेखा

[पोरबन्दर—राजकोट—इंग्लैंड—डरबन—जोहानसबर्ग—अहमदाबाद—
कलकत्ता—चम्पारण—बम्बई—दिल्ली]

1869 — दो अक्टूबर को मोहनदास एवं पुतलीबाई के घर सबसे छोटी चौथी सन्तान के रूप में जन्म।

1882 — कस्तूरबाई के साथ मोहनदास का विवाह।

1885 — पिता मोहनदास गांधी का स्वर्गवास।

1887 — मैट्रिक परीक्षा उत्तीर्ण कर भावनगर के सामलदास कॉलेज में प्रवेश।

1888 — 4 सितम्बर को कानून की उच्च शिक्षा के लिए जलयान से बम्बई से इंग्लैंड रवाना।

1889 — इंग्लैंड में निरामिषभोजियों की सभा में पहला सार्वजनिक व्याख्यान।

1891 — 10 जून को बैरिस्टर बने। 7 जुलाई को बम्बई लौटे। माताजी की मृत्यु का समाचार मिला।

1892 — राजकोट और बम्बई में वकालत प्रारम्भ की।

1893 — अप्रैल में एक भारतीय फर्म के मुकदमे की पैरवी के लिए दक्षिण अफ्रीका गए। रंगभेद के शिकार हुए।

1894 — जिस मुकदमे के लिए दक्षिण अफ्रीका गए थे, उसका पंच-फैसला हुआ।

1895 — नाटाल में सर्वोच्च न्यायालय के बैरिस्टर बने। वहीं पर उन्होंने 'नाटाल भारतीय कांग्रेस' का गठन किया।

1896 — छह महीने के लिए भारत वापस लौटे। तिलक, गोखले आदि राष्ट्रीय नेताओं से भेंट; 30 नवम्बर को फिर दक्षिण अफ्रीका लौट गए।

1897 — डरबन लौटने पर विरोधी-प्रदर्शन; जीवन में परिवर्तन आया।

1899 — बोअर-युद्ध में अंग्रेजों की मदद करने का निश्चय किया। भारतीय एंबुलेंस कोर का गठन किया।

1901 — राजकोट में महामारी कमेटी द्वारा सेवा। भारत लौटे। कलकत्ता कांग्रेस के सहायक बने। लॉ ऑफिस बम्बई में खोला।

1902 — बर्मा की यात्रा पर गए। रेल के तीसरे दर्जे में व्यापक भारत-प्रवास। भारतीयों के अनुरोध पर तीन महीने बाद दक्षिण अफ्रीका के लिए फिर रवाना हुए।

1903 — वहाँ 'ट्रांसवाल ब्रिटिश इंडिया एसोसिएशन' की स्थापना और साप्ताहिक-पत्र 'इंडियन ओपिनियन' की स्थापना की।

1904 — गीता का गहन अध्ययन और रस्किन के 'अंटू दिस लास्ट' को पढ़कर जीवन में क्रान्तिकारी बदलाव आया। 'सर्वोदय' की समझ ग्रहण की। डरबन के नजदीक फीनिक्स आश्रम की स्थापना की।

1906 — जुलू-विद्रोह में घायलों की सेवा। ब्रह्मचर्य से रहने की 'प्रतिज्ञा' शब्द प्रस्तावित किया। शिष्टमंडल के प्रतिनिधि के रूप में इंग्लैंड रवाना।

1907 — केवल एशियावासियों के लिए अनिवार्य पंजीकरण (द ब्लैक ऐक्ट) जैसे खूनी कानून के विरुद्ध जून में सत्याग्रह का व्यावहारिक प्रयोग।

1908 — अन्तरिम समझौता, पठान द्वारा आक्रमण, फिर सत्याग्रह प्रारम्भ और फिर गिरफ्तार हुए। जोहानसबर्ग में दो महीने की पहली जेल-यात्रा। प्रिटोरिया में जनरल स्मट्स ने विचार-विमर्श के लिए बुलाया; समझौता। रिहाई।

1909 — अगस्त में स्मट्स ने समझौता तोड़ा। दूसरा सत्याग्रह अभियान पंजीकरण प्रमाणपत्रों को जलाकर शुरू किया। तीन महीने की

कैद के बाद रिहाई। टॉल्स्टॉय को प्रथम पत्र लिखा। दूसरी बार शिष्टमंडल के साथ भारतीय पक्ष पेश करने के लिए इंग्लैंड रवाना। स्वदेश वापसी में जहाज पर 'हिन्द स्वराज्य' पुस्तक लिखी।

1910 — जोहान्सबर्ग में टॉल्स्टॉय फार्म की स्थापना की।

1912 — गोखले की दक्षिण अफ्रीका-यात्रा। गांधी से भेंट। 'नीति-धर्म' पुस्तक प्रकाशित। 'आरोग्य-विषयक सामान्य ज्ञान' पुस्तक लिखी।

1913 — ऐसे विवाहों को निष्प्रभावी करने के विरुद्ध अभियानों में सहायता, जो ईसाई अनुष्ठानों के अनुसार नहीं किए जाते। तीसरा सत्याग्रह अभियान। न्यू कैंसल से चार हजार भारतीय खनिकों के दल को ट्रांसवाल सीमा के पार ले जाने में नेतृत्व। सत्याग्रह फिर आरम्भ। नवम्बर में चार दिनों में तीन बार गिरफ्तार। दिसम्बर में समझौते की आशा में बिना शर्त रिहा। गिरफ्तारी के बाद रिहाई। सप्ताह भर का उपवास तथा साढ़े चार महीने तक एक समय भोजन का अनुशासनात्मक व्रत-पालन।

1914 — अहमदाबाद में सत्याग्रह आश्रम की स्थापना। चौदह दिन का उपवास रखा। सत्याग्रह सफल रहा। 18 जुलाई को इंग्लैंड रवाना। जुलाई में दक्षिण अफ्रीका को सदा के लिए छोड़कर भारत वापसी। 4 अगस्त से प्रथम महायुद्ध शुरू। सरोजिनी नायडू से परिचय हुआ और महायुद्ध में सेवा।

1915 — भारत-आगमन और 'केसरे-हिन्द' की उपाधि प्राप्त की। सम्पूर्ण भारत का दौरा किया। काका कालेलकर एवं आचार्य कृपलानी से परिचय। 19 फरवरी को गोखले की मृत्य। 25 मई को आश्रम की स्थापना।

1916 — काशी हिन्दू विश्वविद्यालय की स्थापना के अवसर पर प्रसिद्ध उद्‌बोधन। लखनऊ-कांग्रेस में जवाहरलाल नेहरू से प्रथम मुलाकात।

1917 — राजेन्द्र बाबू से भेंट। 10 अप्रैल का चंपारन में सत्याग्रह शुरू। साबरमती नदी के किनारे नये स्थान पर आश्रम ले जाना। चंपारण में नील उगानेवाले किसानों के अधिकारों के लिए सफल सत्याग्रह

अभियान का नेतृत्व। अप्रैल में वह क्षेत्र छोड़ देने के आदेश का उल्लंघन, मोतिहारी में गिरफ्तारी और मुकदमा चलाया जाना; लेकिन बाद में मुकदमे को उठा लेना। 31 मई को गिरमिटिया कानून रद्द। 30 जून को दादाभाई नौरोजी की मृत्यु। महादेवभाई देसाई से सम्पर्क।

1918 — अहमदाबाद में मिल-मजदूरों की हड़ताल हुई और तीन दिन का उपवास रखा। भारत में पहले अनशन के बाद मिल-मालिकों द्वारा मध्यस्थता स्वीकार। खेड़ा-सत्याग्रह शुरू। चरखे का पुनरुद्धार।

1919 — रौलट ऐक्ट भारत आया। 6 अप्रैल को प्रार्थना और उपवास-दिवस। 13 अप्रैल को जलियाँवाला बाग में हत्याकांड। अंग्रेजी साप्ताहिक 'यंग इंडिया' एवं गुजराती 'नवजीवन' का सम्पादन शुरू। खिलाफत असहयोग। अमृतसर-कांग्रेस आयोजित।

1920 — 1 अगस्त को लोकमान्य तिलक की मृत्य। अखिल भारतीय 'होमरूल लीग' के अध्यक्ष चुने गए। 2 अक्टूबर को 'तिलक स्वराज्य फंड' की स्थापना। गांधी जी द्वारा तैयार किया गया कांग्रेस का संविधान स्वीकृत। असहयोग आन्दोलन शुरू। गुजरात विद्यापीठ की स्थापना।

1921 — अन्य राष्ट्रीय विद्यापीठों की स्थापना। प्रिंस ऑफ वेल्स के आगमन के बहिष्कार के कारण दंगा। अशान्ति। पाँच दिन का उपवास। अहमदाबाद कांग्रेस आयोजित। घर के सूत का प्रचार करने और जनता के साथ अपनी पहचान को सार्थक बनाने के लिए आजीवन केवल लँगोटी-धोती पहनने का दृढ़ निश्चय। व्यापक रूप से सविनय अवज्ञा। हजारों ने जेल-यात्रा की। भारतीय कांग्रेस की ओर से गांधी जी को 'एकमात्र कार्यकारी सत्ता' सौंपा जाना।

1922 — चौरी-चौरा में हिंसा के कारण असहयोग आन्दोलन को स्थगित करना। प्रायश्चित्त के रूप में बारदोली में पाँच दिन का अनशन। 'यंग इंडिया' में छपे लेखों के कारण राजद्रोह के अभियोग पर साबरमती में गिरफ्तारी। अहमदाबाद में न्यायाधीश ब्रूमफील्ड के समक्ष इस महान मुकदमे (ग्रेट ट्रायल) में अपने विख्यात वक्तव्य में दोष स्वीकार करना। यरवदा जेल में छह वर्ष के लिए कारावास की सजा।

1924 — अपेंडिसाइटिस का ऑपरेशन। 5 फरवरी को रिहाई। 24 सितम्बर को हिन्दू-मुस्लिम एकता के लिए इक्कीस दिन का उपवास। बेलगाँव कांग्रेस के अध्यक्ष बने।

1925 — 16 जून को देशबंधु चित्तरंजनदास की मृत्यु। एक सप्ताह का उपवास रखा। कानपुर-कांग्रेस आयोजित। चरखा संघ की स्थापना।

1926 — स्वामी श्रद्धानन्द का बलिदान हुआ।

1927 — खादी-यात्रा निकाली। 16 सितम्बर को हकीम अजमल खाँ की मृत्यु।

1928 — साइमन-कमीशन आया। बारडोली सत्याग्रह प्रारम्भ। मगनलाल गांधी की 22 अप्रैल को पटना में मृत्यु। 17 नवम्बर को लाला लाजपत राय की मृत्यु। नेहरू रिपोर्ट सार्वजनिक। कलकत्ता-कांग्रेस में समझौता प्रस्ताव पेश।

1929 — लाहौर के कांग्रेस अधिवेशन में पूर्ण स्वाधीनता और विधानमंडलों के बहिष्कार के प्रस्ताव पास किए गए। 26 जनवरी को राष्ट्रीय स्वाधीनता मनाने का प्रस्ताव। तीसरा अखिल भारतीय सत्याग्रह अभियान। लाहौर-कांग्रेस में पूर्ण स्वाधीनता का प्रस्ताव रखा गया।

1930 — 26 जनवरी को पूर्ण स्वाधीनता की प्रतिज्ञा ली गई। 12 मार्च को नमक कानून तोड़ने के लिए दांडी मार्च किया। 5 मई को गिरफ्तार किए गए। बिना मुकदमा चलाए यरवदा जेल में बन्दी। एक लाख लोग गिरफ्तार किए गए। बिना शर्त रिहा।

1931 — 4 जनवरी को इंग्लैंड में मुहम्मद अली की मृत्यु। 25 जनवरी को गांधी जेल से बाहर आए। 6 फरवरी को पं. मोतीलाल नेहरू की मृत्यु। 4 मार्च को गांधी-इर्विन समझौता हुआ। 23 मार्च को भगतसिंह को फाँसी। कराची कांग्रेस। 25 मार्च को गणेश शंकर विद्यार्थी का बलिदान। दूसरे गोलमेज-सम्मेलन में भारत के एकमात्र प्रतिनिधि के रूप में शामिल। दिसम्बर में गोलमेज-सम्मेलन से बिना किसी नतीजे के लौटे।

1932 — कांग्रेस गैर-कानूनी घोषित। सत्याग्रह फिर आरम्भ हुआ। 4 जनवरी को गिरफ्तारी। 'नवजीवन', 'यंग इंडिया' समाचार-पत्र बन्द।

20 सितम्बर से साम्प्रदायिक निर्णय के विरोध में आमरण अनशन। 24 सितम्बर को यरवदा-पैक्ट। 26 सितम्बर को उपवास तोड़ा।

1933 — 8 मई से 21 दिन का उपवास शुरू। 'यंग इंडिया' की जगह 'हरिजन' पत्र का प्रारम्भ। जेल से रिहाई और फिर गिरफ्तारी तथा एक वर्ष की सजा। 16 अगस्त से आमरण उपवास, जो एक सप्ताह चला। 23 अगस्त को रिहाई। 20 सितम्बर को एनी बेसेंट की मृत्यु। 22 सितम्बर को विट्ठलभाई पटेल की मृत्यु। साबरमती आश्रम का विसर्जन। वर्धा में रहने का निश्चय। 7 नवम्बर से सम्पूर्ण भारत में दस माह की हरिजन-यात्रा शुरू।

1934 — बिहार-भूकंप की घटना। 7 मई को सत्याग्रह आन्दोलन वापस लिया। 7 दिन का उपवास। 26 अक्टूबर को ग्रामोद्योग-संघ की स्थापना। बम्बई-कांग्रेस आयोजित।

1935 — भारतीय राष्ट्रीय कांग्रेस की स्वर्ण-जयंती मनाई गई। स्वास्थ्य में गिरावट। बम्बई प्रवास। 1935 में कांग्रेस की साधारण सदस्यता का त्याग और जीवन के अन्तिम चौदह वर्ष निर्दलीय समाज-सुधारक तथा सर्वोदय-साधक के रूप में सक्रिय रहे।

1936 — 10 मई को डॉ. अंसारी की मृत्यु। वर्धा के निकट सेवाग्राम आश्रम स्थापित।

1937 — जुलाई में कांग्रेस पद-ग्रहण।

1938 — खान अब्दुल गफ्फार खान (जो बाद में 'फ्रंटियर गांधी' के नाम से मशहूर हुए) के साथ उत्तर-पश्चिमी सीमा प्रान्त की यात्रा।

1939 — 4 जनवरी को मो. शौकत अली की मृत्यु। राजकोट में आमरण अनशन शुरू। वाइसराय के हस्तक्षेप से चार दिन बाद समाप्त। त्रिपुरा-कांग्रेस आयोजित। सुभाष बाबू का कांग्रेस के अध्यक्ष पद से त्यागपत्र। 3 सितम्बर को द्वितीय महायुद्ध शुरू। 8 नवम्बर को प्रान्तों में कांग्रेस सरकारों ने त्यागपत्र दिये।

1940 — द्वितीय विश्वयुद्ध के बारे में भारतीयों को अपनी राय देने की अनुमति से ब्रिटेन द्वारा इनकार करने के विरुद्ध सीमित व्यक्तिगत सविनय अवज्ञा अभियान आरम्भ। एक वर्ष के भीतर 23,000 लोगों को जेल की सजा। 11 अक्टूबर से व्यक्तिगत सत्याग्रह

प्रारम्भ। विनोबा प्रथम सत्याग्रही बने। 'हरिजन' समाचार-पत्र पर पाबन्दी।

1941 — 7 अगस्त को रवीन्द्रनाथ टैगोर की मृत्यु। 30 सितम्बर को 'गो-सेवा संघ' की स्थापना की गई।

1942 — नई दिल्ली में सर स्टेफोर्ड क्रिप्स से भेंट, किन्तु उनके प्रस्तावों को 'भावी तिथि के चेक' (पोस्ट डेटेड चेक) कहना। यह प्रस्ताव गांधी के निर्देश पर कांग्रेस द्वारा अस्वीकृत। कांग्रेस का नेतृत्व फिर सँभाला। 11 फरवरी को सेठ जमनालाल बजाज की मृत्यु। क्रिप्स मिशन का आगमन। हिन्दुस्तानी प्रचार-सभा की स्थापना। 8 अगस्त को 'भारत छोड़ो' प्रस्ताव पारित। 9 अगस्त को सम्पूर्ण भारत में नेताओं की सामूहिक गिरफ्तारियाँ। पूना के निकट आगा खाँ महल में बन्दी। देशभर में विद्रोह। 15 अगस्त को महादेवभाई की मृत्यु।

1943 — आगा खाँ महल जेल में 21 दिन का उपवास।

1944 — 22 फरवरी को 74 वर्ष की अवस्था में आगा खाँ महल में बन्दी कस्तूरबा गांधी का निधन। 6 मई को गांधी जीवन की अन्तिम जेल-यात्रा से रिहा हुए। गांधी-जिन्ना वार्ता सम्पन्न।

1945 — सभी नेता जेल से रिहा। पहली शिमला-कॉन्फ्रेंस आयोजित।

1946 — कैबिनेट-मिशन आगमन। मुस्लिम लीग द्वारा 16 अगस्त को 'सीधी कार्रवाई' का दिन। साम्प्रदायिक दंगे भड़के। दंगों के बीच नोआखाली सहित पूर्वी बंगाल के 49 गाँवों की 4 माह लम्बी पैदल यात्रा शुरू। 12 नवम्बर को महामना मदनमोहन मालवीय का स्वर्गवास।

1947 — हिन्दू-मुस्लिम तनाव को कम करने के लिए बिहार का दौरा। नई दिल्ली में लॉर्ड माउंटबेटन और जिन्ना के साथ सम्मेलन। देश को भारत तथा पाकिस्तान के रूप में विभाजित करने के निर्णय को कांग्रेस की स्वीकृति का विरोध। 15 अगस्त को भारत स्वतंत्र हुआ। दिल्ली तथा अन्य आस-पास के क्षेत्रों का दंगा रोकने के लिए दौरा तथा शरणार्थी शिविरों को देखने जाना। सन् 1946 के बाद से गांधी जी का प्रयास हिन्दू-मुस्लिम एकता कायम करने पर केन्द्रित 1946 को सीधी कार्रवाई दिवस (डायरेक्ट एक्शन डे) के

रूप में मनाने की घोषणा के बाद से पूरे भारत में हिन्दू-मुस्लिम दंगे भड़कते रहे। यह कभी स्पष्ट नहीं किया गया कि 'सीधी कार्रवाई' का क्या अर्थ था। लेकिन मुसलमानों ने इस आह्वान का हिंसा के रूप में उत्तर दिया। 16 से 18 अगस्त तक कलकत्ता में हुआ भीषण हत्याकांड 'सीधी कार्रवाई दिवस' का पहला कड़वा फल था। गांधी जी ने ऐसे बहुत से क्षेत्रों—जैसे नोआखाली—का दौरा साम्प्रदायिक सद्भाव फिर कायम करने के लिए किया। कलकत्ता में 73 घंटे का लम्बा उपवास।

1948 — दिल्ली में शान्ति-स्थापना हेतु दौरे तथा जीवन का अन्तिम आमरण अनशन, जो पाँच दिन चला। 30 जनवरी को प्रार्थना-सभा में नाथूराम विनायक गोडसे की गोली से देहांत।

परिशिष्ट

परिशिष्ट (क)

गांधी के महत्त्वपूर्ण लेख

परिशिष्ट (ख)

गांधी-विषयक कुछ चर्चित कविताएँ

परिशिष्ट (क)

गांधी के महत्त्वपूर्ण लेख

हिम्मत और अहिंसा से बना भारत

इससे पहले कि आप प्रस्ताव पर विचार करें, मैं एक-दो बातें आपके सामने रखना चाहता हूँ। मैं चाहता हूँ कि आप दो बातें बिलकुल साफ-साफ समझ लें और उन पर उसी दृष्टिकोण से विचार करें जिस दृष्टिकोण से मैं उन्हें आपके सामने रख रहा हूँ। कुछ लोग मुझसे पूछते हैं कि क्या मैं वही आदमी हूँ जो 1920 में था या मुझमें कोई परिवर्तन हुआ है? आपका यह प्रश्न पूछना ठीक ही है। मैं आपसे कहना चाहता हूँ कि मैं आज भी वही हूँ जो 1920 में था। फर्क सिर्फ इतना ही है कि कई बातों में मैं 1920 की अपेक्षा बहुत अधिक दृढ़ हो गया हूँ। इस बात को स्पष्ट करने के लिए मैं कहूँगा कि एक आदमी सर्दियों में तो मोटे-मोटे कपड़े पहनकर निकलता है और उसी आदमी को गर्मियों में देखें तो उसके कपड़े वैसे नहीं होते। इस बाहरी परिवर्तन से उस आदमी में कोई फर्क नहीं होता। कुछ ऐसे लोग हैं जो शायद कहें कि मैं आज एक बात कहता हूँ और कल दूसरी। लेकिन मैं आपसे कहूँगा कि मुझमें कोई तब्दीली नहीं आई। मैं अहिंसा के सिद्धान्त पर उसी तरह जमा हुआ हूँ, जैसाकि पहले था। यदि आप इससे ऊब चुके हों तो आप बेशक मेरा साथ न दें। इस प्रस्ताव को पास करना न आपके लिए जरूरी है और न आपका कर्तव्य ही है। यदि आप स्वराज्य और स्वतंत्रता चाहते हैं और यदि आप महसूस करते हैं कि मैं आपके सामने जो कुछ रख रहा हूँ, वह अच्छी चीज है और ठीक चीज है, तभी आप इसे स्वीकार करें। सिर्फ इसी तरह आप मेरी पूरी-पूरी मदद कर सकते हैं। यदि आप ऐसा नहीं करते तो मैं समझता हूँ कि

आपको अपने किए पर पछताना पड़ेगा। यदि कोई आदमी गलती करे और फिर पश्चात्ताप करे तो कोई बड़ी हानि नहीं होती। परतु वर्तमान स्थिति में यदि आप गलती करेंगे तो आप देश को भी खतरे में डाल देंगे। जो मैं कह रहा हूँ, उसमें यदि आपका पूरा-पूरा विश्वास नहीं है तो मेरी आपसे प्रार्थना है कि आप इस प्रस्ताव को स्वीकार न करें और इसे छोड़ दें। परन्तु यदि आप इसे स्वीकार कर लें और मेरी बात को ठीक तरह न समझें तो हमारा आपस में झगड़ा जरूर होगा, चाहे वह मित्रों का-सा ही झगड़ा हो।

जिस दूसरी बात पर मैं जोर देना चाहता हूँ, वह है—आपकी जिम्मेदारी। अखिल भारतीय कांग्रेस कमेटी के सदस्य संसद के सदस्यों के समान हैं और वे सारे भारत का प्रतिनिधित्व करते हैं। कांग्रेस शुरू से किसी खास वर्ग की, या किसी खास वर्ण या जात-पात या किसी खास प्रान्त की नहीं रही है। कांग्रेस ने अपनी स्थापना के समय से ही दावा किया है कि वह सारे राष्ट्र का प्रतिनिधित्व करती है और आपकी तरफ से मैंने दावा किया है कि आप केवल कांग्रेस के पंजीकृत सदस्यों का ही नहीं, बल्कि सारी कौम का प्रतिनिधित्व करते हैं।

देश में छह सौ या कुछ अधिक नरेश हैं। वे ब्रिटिश सरकार के बनाए हुए हैं। जैसाकि आप जानते हैं, शासकों ने भारतीय भारत और ब्रिटिश भारत के बीच भेद पैदा करने के लिए उन्हें बनाया था। चाहे यह सच ही हो कि ब्रिटिश भारत और भारतीय भारत के हालात में फर्क है परन्तु देशी रियासतों के लोगों के अनुसार कोई ऐसा फर्क है नहीं। कांग्रेस का दावा है कि वह उनका भी प्रतिनिधित्व करती है। कांग्रेस ने रियासतों के बारे में जो नीति अपनाई है, वह मेरे कहने से तय की गई थी। उसमें कुछ परिवर्तन हुआ है, परन्तु उसका आधार अब भी वही है। नरेश चाहे कुछ भी क्यों न कहें, उनकी प्रजा यही कहेगी कि हम उसी चीज की माँग करते आए हैं, जिसे वह चाहती है। यदि हम इस संघर्ष को इस तरह से चलाएँ जैसेकि मैं चाहता हूँ तो इससे नरेशों को उससे ज्यादा ही मिलेगा जितने की वे (ब्रिटिश सत्ता से) आशा कर सकते हैं। कई नरेशों से मेरी भेंट हुई है और उन्होंने अपनी विवशता प्रकट करते हुए कहा कि हम उनकी अपेक्षा अधिक स्वतंत्र हैं, क्योंकि वे तो अधीश्वरी सत्ता द्वारा पदच्युत किये जा सकते हैं।

मैं आपसे फिर कहूँगा कि आपको यह प्रस्ताव तभी पास करना चाहिए जब आप इसे दिल से ठीक समझें, क्योंकि यदि आप इसे ठीक न समझें तो इसे पास करके आप खतरा मोल ले रहे होंगे।

कम-से-कम सात प्रान्तों में हमें शासन चलाने का अवसर मिला। हमने

वाकई अच्छा काम करके दिखाया, जिसकी प्रशंसा ब्रिटिश सरकार ने भी की। स्वतंत्रता प्राप्त करके ही आपका काम खत्म नहीं हो जाएगा। हमारी कार्य-योजना में तानाशाही के लिए कोई जगह नहीं है। हमारा ध्येय स्वतंत्रता प्राप्त करना है और उसके बाद जो भी शासन सँभाल ले। सभव है, आप सत्ता पारसियों को सौंपने का फैसला करें। आपको यह नहीं कहना चाहिए कि सत्ता पारसियों को क्यों सौंपी जाए। सम्भव है कि सत्ता उन्हें सौंपी जाए जिनके नाम कांग्रेस में कभी सुने न गए हों। यह फैसला करना लोगों का काम होगा। आपको यह नहीं सोचना चाहिए कि संघर्ष करनेवालों में अधिक संख्या हिन्दुओं की थी और मुसलमानों और पारसियों क़ी संख्या कम थी। स्वतंत्रता मिलने पर उनकी सारी मानसिकता बदल जाएगी। यदि आपके मन में लेशमात्र भी साम्प्रदायिकता की छाप है तो आपको संघर्ष से दूर रहना चाहिए।

ऐसे लोग भी हैं जिनके दिलों में अंग्रेजों के लिए घृणा है। मैंने लोगों को कहते सुना है कि उन्हें अब वे बिलकुल ही नहीं सुहाते। आम लोगों का दिमाग अंग्रेज सरकार और अंग्रेज लोगों में भेद नहीं करता। उनकी समझ में तो दोनों एक ही हैं। वे ऐसे लोग हैं जिन्हें जापानियों का आना खलेगा नहीं। शायद उनके खयाल से इसका मतलब यही होगा कि एक शासक गया और दूसरा आया। परन्तु यह खतरनाक बात होगी। आपको यह बात दिल से निकाल देनी चाहिए। यह एक नाजुक घड़ी है। यदि हम चुप बैठे रहे और हमने अपना कर्तव्य नहीं निभाया तो यह हमारे लिए ठीक नहीं होगा। अगर ब्रिटेन और अमेरिका को ही यह लड़ाई लड़नी है और हमारा काम मात्र रुपये-पैसे की मदद देना ही है—चाहे हम मदद खुशी से दें, चाहे हमारी मर्जी के बिना हमसे ली जाए—तो यह ठीक बात नहीं होगी। परन्तु हम अपना असली साहस और बल तभी दिखा सकते हैं, जब यह लड़ाई हमारी अपनी लड़ाई हो जाए। तब तो एक बच्चा भी बहादुर बन जाएगा। हम अपनी स्वतंत्रता लड़कर लेंगे। स्वतंत्रता आकाश से नहीं टपकेगी। मैं अच्छी तरह जानता हूँ कि जब हम काफी कुर्बानियाँ करके दिखाएँगे और अपनी ताकत का सबूत देंगे तो अंग्रेजों को हमें स्वतंत्रता देनी ही पड़ेगी। हमें अपने दिलों से अंग्रेजों के प्रति घृणा का भाव निकाल देना चाहिए। कम-से-कम मेरे दिल में तो उनके लिए घृणा नहीं है। सच तो यह है कि अब मेरे दिल में तो उनके लिए पहले से अधिक दोस्ती है। इसका कारण है कि इस घड़ी वे मुसीबत में हैं। मेरी दोस्ती का तकाजा है कि मैं उन्हें उनकी गलतियों से अवगत करा दूँ। चूँकि मैं ऐसी स्थिति में नहीं हूँ जिसमें वे हैं, इसलिए मैं उनकी गलतियाँ बता सकता हूँ। मैं जानता हूँ

कि वे खाई के कगार पर खड़े हैं और खाई में गिरनेवाले ही हैं। इसलिए यदि वे मेरा हाथ काट देना चाहें तो भी मेरी मित्रता का तकाजा है कि मैं उन्हें उस खाई से निकालने की कोशिश करूँ।

ऐसा मेरा दावा है। हो सकता है कि बहुत-से लोग इस पर हँसें, परन्तु फिर भी मैं कहूँगा कि मेरा दावा ठीक है। ऐसे समय में, जब कि मैं अपने जीवन का सबसे बड़ा संघर्ष करनेवाला हूँ, मेरे दिल में अंग्रेजों के लिए कोई घृणा नहीं हो सकती। मेरे दिल में ऐसा खयाल बिलकुल नहीं है कि चूँकि वे मुश्किल में फँसे हुए हैं, इसलिए मैं उन्हें धक्का दे दूँ। ऐसा खयाल मेरे दिल में कभी नहीं रहा। हो सकता है कि वे गुस्से में आकर कभी ऐसी बात कर बैठें जिससे कि आपको तैश आ जाए। फिर भी आपके लिए यह ठीक नहीं होगा कि आप हिंसा पर उतर आएँ और अहिंसा को बदनाम करें। जब ऐसी बात होगी तब समझ लीजिए कि मैं जहाँ भी होऊँ, आप मुझे जिन्दा नहीं पाएँगे। मेरे खून का पाप आपके सिर पर होगा। अगर आप इस बात को नहीं समझते तो बेहतर यही होगा कि आप इस प्रस्ताव को अस्वीकार कर दें। ऐसा करना आपको शोभा देगा। जो बात आपकी समझ में ही न आ सके, उसके लिए मैं आपको कैसे दोष दे सकता हूँ? इस लड़ाई में एक सिद्धान्त है, जो आपको अपनाना होगा। यह न समझिए—जैसेकि मैंने कभी नहीं समझा—कि अंग्रेजों की हार होनेवाली है। मैं उन्हें कायरों की कौम नहीं समझता। मैं जानता हूँ कि पेशतर इसके, वे हार मानें, ब्रिटेन का एक-एक व्यक्ति बलिदान हो जाएगा। सम्भव है कि वे हार जाएँ और आपको छोड़कर चले जाएँ—जैसेकि वे बर्मा, मलाया या अन्य देशों के लोगों को छोड़कर चले गए हैं—इस खयाल से कि जब भी सम्भव होगा, वे हारे हुए इलाके पर फिर कब्जा कर लेंगे। ऐसा करना उनकी समर-नीति हो सकती है। लेकिन फर्ज कीजिए कि वे हमें छोड़कर चले ही जाते हैं, तब हमारा क्या बनेगा? उस सूरत में जापान यहाँ आ जाएगा। जापान के यहाँ आने का मतलब होगा—चीन का अन्त और शायद रूस का भी अन्त। इन मामलों में पंडित नेहरू मेरे गुरु हैं। मैं रूस की और चीन की हार का साधन नहीं बनना चाहता। यदि बनूँ तो मुझे अपने-आपसे घृणा हो जाएगी।

आप जानते हैं कि मैं तेज रफ्तार से चलना चाहता हूँ। लेकिन शायद मैं उतना तेज नहीं चल रहा होऊँ जितना कि आप चाहते हैं कि मैं चलूँ। सरकार पटेल ने कहा, बताते हैं कि शायद हमारा संघर्ष एक सप्ताह में समाप्त हो जाए। मैं जल्दबाजी नहीं करना चाहता। यदि संघर्ष एक सप्ताह के भीतर समाप्त हो जाए तो यह एक

चमत्कार होगा। और यदि ऐसा होता है तो इसका मतलब है कि अंग्रेजों का दिल पसीज गया है। हो सकता है कि अंग्रेजों को अक्ल आ जाए और वे यह बात समझ जाएँ कि जो लोग उनके लिए लड़ना चाहते हैं, उन्हीं को कैद में डालना गलत बात होगी। हो सकता है कि आखिरकार श्री जिन्ना के विचार बदले और वे सोचें कि जो लोग लड़ रहे हैं, वे इसी धरती के लाल हैं और अगर वे (श्री जिन्ना) चुप बैठे रहते हैं तो उनके लिए पाकिस्तान किस काम का होगा?

अहिंसा एक अनुपम अस्त्र है, जो हर किसी को मदद पहुँचा सकता है। मैं जानता हूँ कि हमने अहिंसा पर बहुत अमल नहीं किया है। अत: यदि ऐसी तब्दीली होती है तो मैं समझूँगा कि यह हमारे पिछले 22 वर्षों के प्रयत्नों का परिणाम है और ऐसी तब्दीली लाने में ईथर ने हमारी मदद की है। जब मैंने 'भारत छेड़ो' का नारा लगाया था तब भारत के लोगों ने, जोकि निराश हो चुके थे, महसूस किया कि मैंने उनके सामने कोई नई चीज रखी है। अगर आप सच्ची आजादी चाहते हैं तो आपको मेल-जोल पैदा करना होगा। ऐसे मेल-जोल से ही सच्चा लोकतंत्र पैदा होगा—ऐसा लोकतंत्र जैसाकि पहले देखने में नहीं आया और न ही जिसके लिए पहले कभी कोशिश ही की गई। मैंने क्रॉस की क्रान्ति के बारे में बहुत कुछ पढ़ा है। कार्लाइल के ग्रंथ मैंने जेल में पढ़े थे। मैं फ्रांसीसियों की बहुत तारीफ करता हूँ। पंडित जवाहरलाल नेहरू ने मुझे रूस की क्रान्ति के बारे में सबकुछ बताया है। परन्तु मेरा विचार है कि यद्यपि उनका संघर्ष जनता के लिए था, तो भी वह संघर्ष ऐसे सब लोकतंत्र के लिए नहीं था, जिसकी कल्पना मैं करता हूँ। मेरे लोकतंत्र का मतलब है कि हर व्यक्ति अपना मालिक खुद हो। मैंने काफी इतिहास पढ़ा है और मेरी नजरों से यह बात नहीं गुजरी कि अहिंसा द्वारा लोकतंत्र स्थापित करने का ऐसा प्रयोग इतने बड़े पैमाने पर कभी किया गया हो। अगर आप एक बार इन चीजों को समझ लें तो आप हिन्दुओं और मुसलमानों के मतभेदों को भूल जाएँगे। आपके सामने रखे गए प्रस्ताव में कहा गया है कि हम कुएँ के मेढक बनकर नहीं रहना चाहते। हमारा उद्देश्य तो विश्व-संघ की स्थापना है, जिसकी एक प्रमुख इकाई भारत होगा। वह केवल अहिंसा से ही स्थापित हो सकता है। नि:शस्त्रीकरण तभी सम्भव है जब आप अहिंसा के अनुपम अस्त्र का प्रयोग करें। कुछ शायद यह कहें कि मैं खयालों की दुनिया में रहता हूँ परन्तु मैं आपसे कहता हूँ कि मैं असली बनिया हूँ और मेरा धंधा स्वराज्य प्राप्त करना है। व्यवहार-कुशल बनिये के रूप में मेरा कहना है कि यदि आप (अहिंसात्मक आचरण की) पूरी कीमत चुकाने को तैयार हों तो इस प्रस्ताव को पास कीजिए अन्यथा इसे पास मत कीजिए। अगर

आप इस प्रस्ताव को स्वीकार नहीं करते तो मुझे कोई अफसोस नहीं होगा। बल्कि मैं तो खुशी से नाच उठूँगा, क्योंकि तब आप मुझे उस भारी जिम्मेदारी से, जो आप अब मुझे सौंपने वाले हैं, बचा देंगे। मैं चाहूँगा कि आप अहिंसा को अपनी नीति की तरह अपनाएँ। मैं तो इसे अपना धर्म समझता हूँ परन्तु जहाँ तक आपका सम्बन्ध है, मैं चाहूँगा कि आप इसे अपनी नीति के रूप में स्वीकार कर लें। अनुशासनबद्ध सैनिकों की भाँति आपको इसे पूर्णतया स्वीकार करना होगा और जब आप संघर्ष में शामिल हों, तब इस पर पूरा आचरण करना होगा।

स्वतंत्रता अर्थात् स्वराज

कहा जाता है कि 'स्वतंत्रता' का प्रस्ताव बर्कनहेड का माकूल जवाब है। अगर यह बात संजीदगी से कही गई है, तो यह स्पष्ट है कि हमें इसका कोई अनुमान तक नहीं कि शाही आयोग नियुक्त करने और उसकी नियुक्ति की घोषणा से उत्पन्न परिस्थिति का ठीक-ठीक क्या उपयुक्त उत्तर हो सकता है। इस नियुक्ति के जवाब में यह जरूरी नहीं कि बड़े जोशीले भाषण दिये जाएँ। बड़ी-बड़ी बातें बनाने से भी कुछ होना-जाना नहीं है। इसके लिए तो कुछ वैसा ही माकूल और भरपूर काम कर दिखाना होगा जो ब्रिटिश मंत्री, उनके साथी और पिछलग्गुओं के करने के लायक हो। फर्ज कीजिए कि अगर कांग्रेस किसी किस्म का कोई प्रस्ताव पास न करती, मगर अपने पास के सारे के सारे विदेशी कपड़ों की होली जला डालती और सारे राष्ट्र से ऐसा ही करवाती तो वह भी उस नियुक्ति के अपमान का भरपूर जवाब तो नहीं ही होता। अगर कांग्रेस हर एक सरकारी कर्मचारी से हड़ताल करा देती, ऊँचे-से-ऊँचे न्यायाधीशों से लेकर नीचे मामूली चपरासी या सिपाही और फौजी सेना तक से उनका काम बन्द करा देती तो वह यथेष्ट समुचित उत्तर होता। इतना तो इससे जरूर ही होता कि जिस बेफिक्री और लापरवाही से आजकल ब्रिटिश मंत्रिगण और दूसरे अधिकारी हमारे गर्जन-तर्जन को सुन रहे हैं, उनका वैसा अविचलित भाव न बना रह पाता।

कहा जा सकता है कि यह परामर्श है तो सर्वथा दोषरहित, मगर मुझे इतना समझना चाहिए कि इसे अमल में किसी तरह नहीं लाया जा सकता, मैं ऐसा नहीं

मानता। आज कितने ही भारतीय हैं जो इस समय चुप तो हैं पर अपने-अपने ढंग से उस शुभ दिन की तैयारी कर रहे हैं जबकि हमें गुलाम बनाये रखनेवाली इस सरकार को चलानेवाला हर हिन्दुस्तानी इस अराष्ट्रीय नौकरी को लात मार देगा। कहा जाता है कि जब कुछ कर दिखाने की ताकत न हो तो जबान पर ताला लगाये रखने को ही साहस माना जाता है, लेकिन वह अक्लमंदी तो जरूर ही है। बिना कुछ किये महज बहादुरी भरा भाषण झाड़ना शक्ति का अपव्यय ही होगा। फिर सन् 1920 में जब देशभक्तों ने भाषण के बदले जेलखाने भरना सीख लिया, तब से जोशीले भाषणों की तड़क-भड़क जाती रही। बाकी तो उनके लिए जरूरी है जिनकी जबान को काठ मार गया हो। गर्जन-तर्जन करनेवालों के लिए तो संयम ही चाहिए। अंग्रेज शासक हमारे भाषणों पर हमारा मखौल बनाते हैं, और उनके कामों से अक्सर प्रकट होता है कि वे हमारे भाषणों की रत्ती-भर भी परवाह नहीं करते और इस प्रकार बिना कुछ कहे ही वे कहीं अधिक प्रभावशाली ढंग से हमें ताना देते हैं : 'हिम्मत हो तो कुछ करो।' जब तक हम इस चुनौती का जवाब नहीं दे सकते, मेरी सम्मति में, हमारी धमकानेवाली एक-एक बात, एक-एक इशारा हमारी ही अपनी जिल्लत है, अपनी नामर्दी का आप डंका पीटना है। मैंने देखा है कि जंजीरों में कसे हुए कैदी जेलरों को गालियाँ देते हैं, और कोसते हैं जिससे जेलरों का महज मन बहलाव ही होता है।

और फिर, क्या किसी अंग्रेज द्वारा की गई किसी ज्यादती का बदला लेने के लिए ही हमने स्वतंत्रता को एकाएक अपना लक्ष्य बना लिया है? क्या कोई किसी को खुश करने के लिए या उसकी करतूतों का विरोध करने के लिए ही अपना ध्येय निश्चित करता है? मेरा कहना है कि ध्येय तो एक ऐसी चीज है जिसकी घोषणा की जानी चाहिए और जिसकी प्राप्ति के लिए काम करते ही जाना चाहिए—बिना इसका खयाल किए कि दूसरे क्या कहते हैं या क्या धमकी देते हैं।

इसलिए हम यह भी समझ लें कि स्वतंत्रता से हमारा क्या अभिप्राय है। इंग्लैंड, रूस, स्पेन, इटली, तुर्की, चिली—सभी को स्वतंत्रता प्राप्त है। हम इनमें से किसके जैसी स्वतंत्रता चाहते हैं? यहाँ यह न कहा जाए कि मैं वही बात सिद्ध मान रहा हूँ जिसे सिद्ध करना है। क्योंकि अगर यह कहा जाए कि हमें भारतीयता की स्वतंत्रता की चाह है तो यह दिखलाया जा सकता है कि कोई दो भारतीय इस भारतीय ढंग की स्वतंत्रता की एक तरह की परिभाषा नहीं बतलाएँगे। बात दरअसल यह है कि हम अपना परम ध्येय जानते ही नहीं। और उस ध्येय का रूप हमारी परिभाषा से नहीं, बल्कि स्वेच्छा या अनिच्छापूर्वक किये गए हमारे

कामों से ही निश्चित होगा। अगर हममें बल है तो हम वर्तमान को सँभाल लेंगे, भविष्य अपनी फिक्र आप कर लेगा। परमात्मा ने हमारे कार्यक्षेत्र और हमारी दृष्टि की मर्यादा बाँध दी है। इसलिए अगर हम आज का काम आज ही खत्म कर लें तो यही बहुत होगा।

मेरा यह भी दावा है कि स्वराज के ध्येय से सबको सर्वदा पूरा संतोष मिल सकता है। हम अंग्रेजी पढ़े-लिखे हिन्दुस्तानी अनजाने में यह मान लेने की भयंकर भूल अक्सर किया करते हैं कि अंग्रेजी बोलनेवाले मुट्ठी-भर आदमी ही समूचा हिन्दुस्तान है। मैं हर किसी को चुनौती देता हूँ कि 'इंडिपेंडेंट' के लिए वे एक ऐसा सर्वसामान्य भारतीय शब्द बतलाएँ जो जनता भी समझती हो। आखिर हमें अपने ध्येय के लिए कोई ऐसा स्वदेशी शब्द तो चाहिए जिसे तीस करोड़ लोग समझते हों। और ऐसा एक शब्द है 'स्वराज', जिसका राष्ट्र के नाम पर पहले-पहल प्रयोग श्री दादाभाई नौरोजी ने किया था। यह शब्द स्वतंत्रता से काफी कुछ अधिक का द्योतक है। यह एक जीवन्त शब्द है। हजारों भारतीयों के आत्म-त्याग से यह शब्द पवित्र बन गया है। यह एक ऐसा शब्द है जो अगर दूर-दूर तक, हिन्दुस्तान के कोने-कोने में प्रचलित नहीं हो चुका है तो कम-से-कम इसी प्रकार के सभी दूसरे शब्दों से अधिक प्रचलित तो जरूर है। इसे हटाकर, बदले में कोई ऐसा विदेशी शब्द प्रचलित करना, जिसके अर्थ के बारे में हमें शंका है, एक प्रकार का अनाचार होगा। यह स्वतंत्रता का प्रस्ताव ही शायद इस बात का सबसे बड़ा और अन्तिम कारण बन गया है कि हम कांग्रेस की कार्रवाई हिन्दुस्तानी और सिर्फ हिन्दुस्तानी में ही चलाएँ। यदि सारी कार्रवाई हिन्दुस्तानी में चलती तो फिर इस प्रस्ताव के साथ जैसी बुरी बीती है, उसकी कोई गुंजाइश ही न रह जाती। तब तो सबसे अधिक जोशीले भाषण देनेवाले भी स्वराज शब्द के भारतीय अर्थ को ही सजाने-सँवारने में और उनसे जैसी भी बन पड़ती, इसकी शानदार या घटिया परिभाषा करने में ही अपनी सार्थकता मानते। क्या इससे ये 'इंडिपेंडेंट' लोग कुछ सबक सीखेंगे और जिसको वे आजाद करना चाहते हैं, उस जनता में काम करने का निश्चय करेंगे और जन-सभाओं में, जैसेकि कांग्रेस वगैरह की सभाओं में, अंग्रेजी बोलना बिलकुल छोड़ देंगे?

खुद तो मुझे उस स्वतंत्रता की कोई चाह नहीं, जिसे मैं समझता ही नहीं। मगर हाँ, मैं अंग्रेजों के जुए से छूना चाहता हूँ, इसके लिए मैं कोई भी कीमत चुका सकता हूँ। इसके बदले में मुझे अव्यवस्था भी मंजूर है। क्योंकि अंग्रेजों की शान्ति तो श्मशान की शान्ति है। एक सारे राष्ट्र के लिए जीवित होकर भी मुर्दे

के समान जिन्दा रहने की इस स्थिति से तो कोई भी दूसरी स्थिति अच्छी रहेगी। शैतान के इस शासन ने इस सुदर देश का आर्थिक, नैतिक और आध्यात्मिक— सभी दृष्टियों से प्राय: सत्यानाश ही कर दिया है। मैं रोज देखता हूँ कि इसकी कचहरियाँ न्याय के बदले अन्याय करती हैं, और सत्य के गले पर छुरी फेरती हैं। मैं भयाक्रांत उड़ीसा को अभी देखकर आ रहा हूँ। यह सरकार अपना पापपूर्ण अस्तित्व बनाये रखने के लिए मेरे ही देश-बधुओं को इस्तेमाल कर रही है। मेरे पास कई शपथ-पत्र अभी रखे हुए हैं कि खुर्दा जिले में प्राय: तलवार की नोक के बल पर लोगों से लगान-वृद्धि की स्वीकृति के कागजों पर दस्तखत कराए जा रहे हैं। इस सरकार की बेमिसाल फिजूलखर्ची ने हमारे राजा-महाराजाओं का सिर फेर दिया है जो नकल उतारने में नतीजों की ओर से लापरवाह होकर अपनी प्रजा को मिट्टी में मिला रहे हैं। यह सरकार अपना अनैतिक व्यापार कायम रखने के लिए नीच-से-नीच काम करने से बाज आनेवाली नहीं है। 30 करोड़ आदमियों को एक लाख आदमियों के पैरों तले दबाए रखने के लिए यह सरकार इतने बड़े सैनिक खर्च का भार लादे हुए है जिसके कारण आज करोड़ों आदमी आधे पेट रहते हैं, शराब से हजारों के मुँह अपवित्र हो रहे हैं।

मगर मेरा धर्म तो हर हालत में अहिंसापूर्ण आचरण करना है। मेरा तरीका तो बल-प्रयोग का नहीं, मत-परिवर्तन का है। यह तो है स्वयं कष्ट सहन करने का, न कि अत्याचारी को कष्ट देने का। मैं जानता हूँ कि सारा का सारा देश इसे सिद्धान्त के रूप में स्वीकार किए बिना, इसकी गहराई को समझे बिना भी इसे अपना सकता है। सामान्यतया लोग अपने हर काम के दार्शनिक पक्ष को नहीं समझते। मेरी महत्त्वाकांक्षा तो स्वतंत्रता से कहीं ऊँची है। भारतवर्ष के उद्धार के जरिये ही मैं पश्चिम के उत्पीड़न से पीड़ित संसार के सभी निर्बल देशों का उद्धार करना चाहता हूँ। इस उत्पीड़न में इंग्लैंड सबसे आगे है। हिन्दुस्तान जिस तरह अंग्रेजों का मत-परिवर्तन कर सकता है, अगर वह करे तो एक विश्वव्यापी राष्ट्रमंडल का स्वयं एक मुख्य भागीदार हो सकता है जिसमें इंग्लैंड अगर चाहे तो हिस्सेदार होने का आदर पा सकेगा। काश, हिन्दुस्तान इस बात को समझ ले कि विश्वव्यापी राष्ट्रमंडल का एक मुख्य सदस्य बनने का उसे हक है, इसलिए कि उसकी जनसंख्या अत्यन्त विशाल, उसकी भौगोलिक परिस्थिति इसके उपयुक्त और युग-युग की विरासत में मिली उसकी संस्कृति अत्यन्त उच्च है। मैं जानता हूँ, मैं एक बहुत बड़ी बात कह रहा हूँ। स्वयं हीनावस्था में पड़े भारतवर्ष के लिए यह आशा करना कि वह संसार को हिला देगा, निर्बल जातियों की रक्षा

करेगा, धृष्टतापूर्ण लग सकता है। मगर स्वतंत्रता की इस पुकार के प्रति अपने घोर विरोध को स्पष्ट करते हुए मुझे अपना आदर्श आपके सामने अब रखना ही पड़ेगा। मेरी यह महत्त्वाकांक्षा ऐसी है जिसे पूरी करने के लिए जीने और प्राणों की बलि देना भी उचित होगा। मैं नतीजों के डर से कभी सर्वोत्तम करने से जरा भी निचले स्तर की किसी स्थिति को स्वीकार नहीं कर सकता। मैं स्वतंत्रता को अपना ध्येय बनाने का विरोध इसलिए ही नहीं कर रहा हूँ कि समय इसके अनुकूल नहीं है। मैं चाहता हूँ कि भारतवर्ष पूरी गरिमा के साथ अपने पैरों पर खड़ा हो, और उस स्थिति का निरूपण 'स्वराज' शब्द से अधिक अच्छी तरह अन्य किसी भी एक शब्द से नहीं हो सकता। 'स्वराज' में कैसा और कितना सार-तत्त्व होगा, यह इस बात से निर्धारित होगा कि राष्ट्र किसी अवसर विशेष पर कितना क्या कर पाता है। भारत को अपने पैर खड़े होने का अर्थ होगा कि प्रत्येक राष्ट्र अपने पैर खड़ा होने लगेगा।

स्वदेशी की भावना

स्वदेशी की भावना का अर्थ है—हमारी वह भावना, जो हमें दूर को छोड़कर अपने समीपवर्ती प्रदेश का ही उपयोग और सेवा करना सिखाती है। उदाहरण के लिए, इस परिभाषा के अनुसार, धर्म के सम्बन्ध में यह कहा जाएगा कि मुझे अपने पूर्वजों से प्राप्त धर्म का ही पालन करना चाहिए। अपने समीपवर्ती धार्मिक परिवेष्टन का उपयोग इसी तरह हो सकेगा। यदि मैं उसमें दोष पाऊँ तो मुझे उन दोषों को दूर करके उसकी सेवा करनी चाहिए। इसी तरह राजनीति के क्षेत्र में मुझे स्थानीय संस्थाओं का उपयोग करना चाहिए और उनके जाने-माने दोषों को दूर करके उनकी सेवा करनी चाहिए। अर्थ के क्षेत्र में मुझे अपने पड़ोसियों द्वारा बनाई गई वस्तुओं का ही उपयोग करना चाहिए और उन उद्योगों की कमियाँ दूर करके, उन्हें ज्यादा सम्पूर्ण और सक्षम बनाकर उनकी सेवा करनी चाहिए। मुझे लगता है कि यदि स्वदेशी को व्यवहार में उतारा जाए, तो मानवता के स्वर्णयुग की अवतारणा की जा सकती है।

ऊपर स्वदेशी की जिन तीन शाखाओं का उल्लेख हुआ है, उन पर अब हम थोड़ा विचार करें। हिन्दू धर्म उसकी बुनियाद में निहित इस स्वदेशी की भावना के कारण ही स्थितिशील और फलस्वरूप अत्यन्त शक्तिशाली बन गया। चूँकि वह दूसरे धर्मों के अनुयायियों को अपने दायरे में खींचने की न तो इच्छा ही रखता है और न प्रयत्न ही करता है, इसलिए वह सबसे ज्यादा सहिष्णु है और आज भी वह अपना विस्तार करने की वैसी ही योग्यता रखता है जैसीकि वह अकाल में

दिखा चुका है। कुछ लोग ऐसा मानते हैं कि उसने बौद्ध धर्म को खदेड़कर भारत के बाहर भगा दिया। यह धारणा गलत है। उलटे उसने बौद्ध धर्म को आत्मसात् कर लिया है। स्वदेशी की भावना के ही कारण हिन्दू अपने धर्म का परिवर्तन करने से इनकार करता है। इसका यह अर्थ नहीं कि वह उसे सर्वश्रेष्ठ मानता है, लेकिन वह जानता है कि वह उसमें जरूरी सुधार दाखिल कर सकता है और उसे सम्पूर्ण बना सकता है। और जो कुछ मैंने हिन्दू धर्म के बारे में कहा है, मेरा खयाल है, वह सब दुनिया के दूसरे बड़े धर्मों के लिए भी सही है। अन्तर केवल यह है कि हिन्दू धर्म के लिए यह विशेष रूप से सही है। यहाँ मुझे एक बात कहनी है। भारत में काम करनेवाली मिशनरी संस्थाओं ने भारत के लिए बहुत-कुछ किया है और अभी भी कर रही हैं और भारत इसके लिए उनका कृतज्ञ है। लेकिन यदि मैंने जो कुछ कहा है, उसमें कोई सत्य है, तो क्या यह ज्यादा अच्छा न होगा कि वे धर्म-परिवर्तन का कार्य छोड़ दें और केवल परोपकार की ही प्रवृत्तियाँ जारी रखें? क्या इस तरह वे ईसाई धर्म के आन्तरिक तत्त्व की अधिक सेवा नहीं करेंगी?

स्वदेशी की भावना की खोज करते हुए जब मैं देश की संस्थाओं पर नजर डालता हूँ तो मुझे ग्राम-पंचायतें बहुत ज्यादा आकर्षित करती हैं। भारत वस्तुत: प्रजातंत्र का उपासक देश है, और वह प्रजातंत्र का उपासक है इसलिए वह उन सब चोटों को सह सका है, जो आज तक उस पर की गई हैं। राजाओं और नवाबों ने, वे भारतीय रहे हों या विदेशी, प्रजा से सिर्फ कर वसूल किया है, इसके सिवा प्रजा से उनका कोई सम्पर्क शायद ही रहा है। और प्रजा ने राजा को उसका प्राप्य देकर अपना बाकी जीवन-व्यवहार अपनी इच्छा के अनुसार चलाया है। वर्ण और जातियों का विशाल संघटन न केवल समाज की धार्मिक आवश्यकताएँ पूरी करता था, बल्कि उसकी राजनीतिक आवश्यकताओं की पूर्ति भी करता था। गाँववाले अपना आन्तरिक कामकाज जाति-संघटन के द्वारा चलाते थे और उसी के द्वारा वे राजकीय शक्ति के अत्याचारों का भी मुकाबला करते थे। जाति-संघटन के द्वारा अपनी संघटन-शक्ति का ऐसा अच्छा परिचय जिस राष्ट्र ने दिया है, उसकी संघटन-शक्ति की क्षमता से इनकार नहीं किया जा सकता।

आप हरिद्वार के कुम्भ मेले को देखें। आपको पता चल जाएगा कि जो संघटन लगभग अनायास ही लाखों तीर्थयात्रियों की व्यवस्था कर सकता है, वह कितना कौशलपूर्ण होगा! फिर भी यह कहने का फैशन हो गया है कि हम लोगों में संघटन की योग्यता नहीं है। हाँ, यह बात उनके बारे में किसी हद तक सही हो सकती है, जो नई परम्पराओं में पले और बड़े हुए हैं।

स्वदेशी की भावना से हट जाने के कारण हमें भयंकर विजन-बाधाओं से गुजरना पड़ा है। हम शिक्षित वर्ग के लोगों को हमारी शिक्षा विदेशी भाषा के माध्यम से मिली है। इसलिए आम जनता को हम तनिक भी प्रभावित नहीं कर सके हैं। हम जनता का प्रतिनिधित्व करना चाहते हैं, पर हम उसमें असफल सिद्ध होते हैं। वे किसी अंग्रेज अधिकारी को जितना जानते-पहचानते हैं, उससे अधिक हमें नहीं जानते-पहचानते। उनके दिल में क्या है, इसे न अंग्रेज शासक जानते हैं, न हम लोग। उनकी आकांक्षाएँ हमारी आकांक्षाएँ नहीं हैं। इसलिए हमारा और उनका सम्बन्ध-सूत्र टूट-सा गया है। हम प्रजा का संघटन करने में असफल सिद्ध हुए हैं, यह बात नहीं है। सच बात यह है कि प्रतिनिधियों में और प्रजा में आपस का नाता ही नहीं है। अगर पिछले पचास वर्षों में हमें अपनी ही भाषाओं के माध्यम से शिक्षा मिली होती, तो हमारे बड़े-बूढ़े, घर के नौकर और पड़ोसी—सब हमारे उस ज्ञान में हिस्सा लेते। बोस और राय जैसे वैज्ञानिकों के आविष्कार रामायण और महाभारत की तरह ही हर एक घर में प्रवेश कर जाते। अभी तो स्थिति ऐसी है कि जनता के लिए ये आविष्कार विदेशी वैज्ञानिकों द्वारा किए गए आविष्कारों जैसे ही हैं। यदि विविध पाठ्य-विषयों की शिक्षा देशी भाषाओं द्वारा दी गई होती, तो मैं यह कहने का साहस करता हूँ कि हमारी इन भाषाओं की आश्चर्यजनक समृद्धि हुई होती। गाँवों की स्वच्छता आदि के सवाल वर्षों पहले हल हो गए होते। ग्राम-पंचायतें जीवित शक्ति के रूप में काम कर रही होतीं। भारत को जैसा स्वराज्य चाहिए, वैसा स्वराज्य वह भोगता होता और उसे अपनी पुनीत भूमि पर संघटित हत्या का अपमानकारी दृश्य न देखना पड़ता। खैर, अभी भी अवसर है कि हम अपनी भूलें सुधार लें।

अब हम स्वदेशी की अन्तिम शाखा पर विचार करें। यहाँ भी अधिकांश जनता की गरीबी का कारण यह है कि आर्थिक और औद्योगिक जीवन में हमने स्वदेशी के नियम का भंग किया है। अगर भारत में व्यापार की कोई भी वस्तु विदेशों से न लाई गई होती, तो हमारी भूमि में दूध और मधु की नदियाँ बहती होतीं। लेकिन यह तो होना नहीं था। हमें लोभ था और इंग्लैंड को भी लोभ था। इंग्लैंड और भारत का सम्बन्ध स्पष्टतया गलती पर कायम था। लेकिन यहाँ रहने में वह गलती नहीं कर रहा है। यहाँ रहने में उसकी घोषित नीति यह है कि वह भारत को अपनी सम्पत्ति नहीं मानता। वह उसे जनता की धरोहर के रूप में उसी के भले के लिए अपने पास रख रहा है। अगर यह सही है तो लंकाशायर को भारत में व्यापार करने का लालच छोड़ देना चाहिए। और यदि स्वदेशी का सिद्धान्त सही है तो इससे लंकाशायर की कोई हानि नहीं होगी। अलबत्ता, शुरू में कुछ समय के लिए उसे कुछ अटपटा-सा

लगेगा। मैं स्वदेशी को बदला लेने के लिए चलाया गया बहिष्कार का आन्दोलन नहीं मानता। मैं उसे ऐसा धार्मिक सिद्धान्त मानता हूँ जिसका पालन सब लोगों को करना चाहिए। मैं अर्थशास्त्री नहीं हूँ लेकिन मैंने कुछ किताबें पढ़ी हैं, जिनमें बतलाया गया है कि इंग्लैंड आसानी से अपनी सारी जरूरतें खुद पैदा करनेवाला आत्मनिर्भर देश बन सकता था। हो सकता है, यह बात हास्यास्पद हो, और वह सच नहीं हो सकती, इसका सबसे बड़ा प्रमाण यह है कि इंग्लैंड दुनिया के उन देशों में है जो बाहर से सबसे ज्यादा माल आयात करते हैं। लेकिन जब तक भारत अपने जीवन का उत्तम निर्वाह करने योग्य नहीं हो जाता है, तब तक उससे यह आशा नहीं की जा सकती कि वह लंकाशायर अथवा किसी दूसरे देश के लिए जिये। और वह अपने जीवन का उत्तम निर्वाह तभी कर सकता है जब वह—अपने प्रयत्न से या दूसरों की मदद लेकर—अपनी आवश्यकता की सारी वस्तुएँ अपनी ही सीमा में उत्पन्न करने लगे। उसे नाशकारी प्रतिस्पर्धा के उस चक्कर में नहीं पड़ना चाहिए, जो आपसी लड़ाई-झगड़े, ईर्ष्या और अन्य अनेक बुराइयों को जन्म देता है। लेकिन उसके बड़े सेठों और करोड़पतियों को इस विश्वव्यापी प्रतिस्पर्धा में पड़ने से कौन रोकेगा? कानून तो निश्चय ही ऐसा नहीं कर सकता। लेकिन लोकमत का बल और समुचित शिक्षा अवश्य इस दिशा में बहुत कुछ कर सकती है। हाथकरघा उद्योग लगभग मरने की स्थिति में है। अपनी यात्राओं में मैंने ज्यादा से ज्यादा बुनकरों से मिलने और उनकी कठिनाइयाँ समझने की भरसक कोशिश की और मुझे यह देखकर हार्दिक दुख हुआ कि किस तरह अनेक बुनकर परिवारों को यह उद्योग—जो किसी समय तरक्की पर था और सम्मानास्पद माना जाता था—छोड़ देना पड़ा है।

अगर हम स्वदेशी के सिद्धान्त का पालन करें, तो हमारा और आपका यह कर्तव्य होगा कि हम उन बेरोजगार पड़ोसियों को दें, जिन्हें हमारी आवश्यकता की वस्तुएँ हम दे सकते हों और यदि वे इन वस्तुओं को बनाना न जानते हों तो उन्हें उसकी प्रक्रिया सिखाएँ। ऐसा हो तो भारत का हर एक गाँव लगभग एक स्वाश्रयी और स्वयंपूर्ण इकाई बन जाए। दूसरे गाँवों के साथ वह उन चंद वस्तुओं का आदान-प्रदान जरूर करेगा, जिन्हें वह खुद अपनी सीमा में पैदा नहीं कर सकता। मुमकिन है, कुछ लोगों को यह बात व्यर्थ मालूम हो। उन लोगों से मैं कहूँगा कि भारत एक विचित्र देश है। कोई दयालु मुसलमान शुद्ध पानी पिलाने के लिए तैयार हो, तो भी हजारों परम्परावादी हिन्दू ऐसे हैं जो प्यास से अपना गला सूखने देंगे, लेकिन मुसलमान के हाथ का पानी नहीं पिएँगे। यह बात अर्थहीन तो है, लेकिन इस देश में वह होती है। इसी तरह इन लोगों को एक बार इस बात का निश्चय

करा दिया जाए कि धर्म के अनुसार उन्हें भारत में ही बने हुए कपड़े पहनने चाहिए और भारत में ही पैदा हुआ अन्न खाना चाहिए, तो फिर वे कोई दूसरे कपड़े पहनने या दूसरा अन्न खाने से इनकार कर देंगे।

भगवदगीता का एक श्लोक है, जिसमें कहा गया है कि सामान्य जन श्रेष्ठ जनों का अनुकरण करते हैं। स्वदेशी का व्रत लेने पर कुछ समय तक असुविधाएँ तो भोगनी पड़ेंगी, लेकिन उन असुविधाओं के बावजूद यदि समाज के विचारशील व्यक्ति स्वदेशी का व्रत अपना लें, तो हम उन अनेक बुराइयों का निवारण कर सकते हैं जिनसे हम पीड़ित हैं। मैं क़ानून द्वारा किये जानेवाले हस्तक्षेप को, वह जीवन के किसी भी विभाग में क्यों न किया जाए, बिलकुल नापसन्द करता हूँ। उसके समर्थन में ज्यादा से ज्यादा यही कहा जा सकता है कि दूसरी बुराई की तुलना में वह कम बुरी है। लेकिन अपनी इस नापसन्दगी के बावजूद मैं विदेशी माल पर सख्त आयात-कर लगाना न सिर्फ सह लूँगा, बल्कि मैं चाहूँगा कि ऐसा किया जाए। नेटाल एक ब्रिटिश उपनिवेश है, किन्तु उसने एक दूसरे ब्रिटिश उपनिवेश मारीशस से आनेवाली शक्कर पर काफी कर लगाया था और इस तरह अपनी शक्कर की रक्षा की थी। इंग्लैंड ने भारत पर स्वतंत्र व्यापार की नीति लादकर भारत के प्रति बड़ा अन्याय किया है। यह नीति इंग्लैंड के लिए आहार की तरह पोषक सिद्ध हुई होगी, किन्तु भारत के लिए तो वह जहर साबित हुई है। कहा जाता है कि भारत कम-से-कम आर्थिक जीवन में तो स्वदेशी के नियम का आचरण नहीं कर सकता। जो लोग यह दलील देते हैं, वे स्वदेशी को जीवन के एक अनिवार्य सिद्धान्त के रूप में नहीं मानते, उनके लिए वह महज देशसेवा का कार्य है। अगर उसमें ज्यादा आत्म-निग्रह करना पड़ता हो तो छोड़ा भी जा सकता है। जैसाकि ऊपर बताया गया है, स्वदेशी एक धार्मिक नियम है जिसका पालन उससे होनेवाले सारे शारीरिक कष्टों के बावजूद होना चाहिए। स्वदेशी का सच्चा प्रेम हो तो सुई या पिन जैसी चीजों का अभाव—क्योंकि वे भारत में नहीं बनती हैं—भय का कारण नहीं होना चाहिए। स्वदेशी का व्रत लेनेवाला ऐसी सैकड़ों चीजों के बिना ही अपना काम चलाना सीख लेगा, जिन्हें आज वह जरूरी समझता है। फिर यह बात भी तो है कि जो लोग स्वदेशी को असम्भव कहकर टाल देना चाहते हैं, वे यह भूल जाते हैं कि स्वदेशी आखिर एक आदर्श है जिसे लगातार कोशिश करके क्रमशः प्राप्त करना है। और यदि फिलहाल हम इस नियम को अमुक वस्तुओं तक ही मर्यादित रखें और जो वस्तुएँ देश में प्राप्य नहीं हैं, उनका उपयोग जारी रखें, तो भी हम आदर्श की दिशा में बढ़ते रह सकते हैं।

अन्त में मुझे स्वदेशी के खिलाफ उठाए जानेवाले एक अन्य आक्षेप पर और विचार करना है। आक्षेपकारों का कहना है कि वह एक अत्यन्त स्वार्थपूर्ण सिद्धान्त है और सभ्यजनों की मानी हुई नीति में उसे कोई स्थान नहीं हो सकता। वे समझते हैं कि स्वदेशी का पालन तो असभ्यता के युग की ओर लौटने जैसा होगा। मैं यहाँ इस कथन का विस्तृत विश्लेषण नहीं कर सकता। किन्तु मैं यह कहूँगा कि नम्रता और प्रेम के नियमों के साथ एकमात्र स्वदेशी का ही मेल बैठ सकता है। यदि मैं अपने परिवार की भी यथोचित सेवा नहीं कर पाता हूँ तो उस हालत में मेरा सम्पूर्ण भारत की सेवा का विचार करना दुरभिमान ही कहा जाएगा। उस हालत में तो यही अच्छा होगा कि मैं अपना प्रयत्न परिवार की सेवा पर ही केन्द्रित करूँ और ऐसा समझूँ कि परिवार की सेवा द्वारा मैं पूरे देश की या यों कहो कि पूरी मानव-जाति की सेवा कर रहा हूँ। नम्रता और प्रेम इसी में है। कार्य का फल उसके प्रेरक हेतु से निश्चित होता है। परिवार की सेवा मैं उससे दूसरों को होनेवाले कष्टों की परवाह किए बिना भी कर सकता हूँ। उदाहरण के लिए, हम लोगों से जबरदस्ती उनका पैसा छीनने का पेशा अख्तियार कर सकते हैं। उसके द्वारा हम धनवान बनकर परिवार की अनेक अनुचित माँगों को पूरा कर सकते हैं। लेकिन यदि हम ऐसा करें तो उससे न तो परिवार की सेवा होगी और न राज्य की। परिवार की सेवा का दूसरा तरीका यह होगा कि मैं इस बात को पहचान लूँ कि भगवान ने मुझे अपने आश्रितों के पोषण के लिए हाथ-पाँव दिये हैं, और मुझे उनसे काम लेना चाहिए। ऐसा हो तो मैं एकदम अपना और जिनसे मेरा सीधा सम्बन्ध है, उनका जीवन सादा बनाने में लग जाऊँगा। यदि मैं ऐसा करूँ तो अपने परिवार की भी सेवा करूँगा और किसी दूसरे की कोई हानि भी नहीं करूँगा। अगर हर एक आदमी यह जीवन-पद्धति अपना ले, तो एकदम आदर्श स्थिति का निर्माण हो जाए। सब लोग उस स्थिति को एकसाथ नहीं प्राप्त करेंगे। लेकिन जिन लोगों ने इस बात को समझ लिया है और इसलिए जो उसे अपने आचरण में उतारेंगे, वे स्पष्टत: उस शुभ दिन को पास लाने में बड़ी मदद करेंगे। जीवन की इस योजना में मैं केवल भारत की ही सेवा करता दिखता हूँ, फिर भी मैं किसी दूसरे देश को हानि नहीं पहुँचाता। मेरी देशभक्ति वर्जनशील भी है और ग्रहणशील भी। वह वर्जनशील इस अर्थ में है कि मैं अत्यन्त नम्रतापूर्वक अपना ध्यान अपनी जन्मभूमि पर ही देता हूँ और ग्रहणशील इस अर्थ में है कि मेरी सेवा में स्पर्धा या विरोध की भावना बिलकुल नहीं है। 'अपनी सम्पत्ति का उपयोग इस तरह करो कि उससे तुम्हारे पड़ोसी को कोई कष्ट न हो—यह केवल

कानून का सिद्धान्त नहीं, परन्तु एक महान जीवन-सिद्धान्त भी है। वह अहिंसा या प्रेम के समुचित पालन की कुंजी है (स्पीचेज एंड राइटिंग्स ऑफ महात्मा गांधी, पृ. 336-44)।

लेकिन जो लोग चरखे से जैसे-तैसे सूत कातकर, खादी पहन-पहनाकर स्वदेशी-धर्म का पूरा पालन हुआ मान लेते हैं, वे बड़े मोह में डूबे हुए हैं। खादी सामाजिक स्वदेशी की प्रथम सीढ़ी है, वह स्वदेशी-धर्म की आखिरी हद नहीं है। ऐसे खादीधारी देखे गए हैं, जो और सब चीजें परदेशी खरीदते हैं। वे स्वदेशी-धर्म का पालन नहीं करते। वे तो सिर्फ चालू बहाव में बह रहे हैं। स्वदेशी-व्रत का पालन करनेवाला हमेशा अपने आसपास निरीक्षण करेगा और जहाँ-जहाँ पड़ोसियों की सेवा की जा सके यानी जहाँ-जहाँ उनके हाथ का तैयार किया हुआ जरूरत का माल होगा, वहाँ दूसरा छोड़कर उसे लेगा—फिर भले ही स्वदेशी चीज पहले-पहल महँगी और कम दरजे की हो। व्रतधारी उसको सुधारने की कोशिश करेगा। स्वदेशी खराब है इसलिए कायर बनकर वह परदेशी का इस्तेमाल करने नहीं लग जाएगा।

लेकिन स्वदेशी-धर्म जाननेवाला अपने कुएँ में डूब नहीं जाएगा। जो चीज स्वदेश में नहीं बनती हो या बड़ी तकलीफ से बन सकती हो, वह परदेश के द्वेष के कारण अपने देश में बनने लग जाए तो उसमें स्वदेशी-धर्म नहीं है। स्वदेशी-धर्म पालनेवाला परदेशी का द्वेष कभी नहीं करेगा। इसलिए पूर्ण स्वदेशी में किसी का द्वेष नहीं है। वह संकुचित धर्म नहीं है। वह प्रेम में से—अहिंसा में से—निकला हुआ सुन्दर धर्म है (मंगल-प्रभात, अंक-16, पृ. 51)।

उपवास से पाई स्वच्छता

एक डॉक्टर सखन हैं। वे कुछ परिस्थितियों में उपवास को उपयोगी मानते हैं। उन्होंने मुझे अपने उपवास के दिनों में, जिन-जिन परिणामों की अनुभूति हुई है, उन्हें प्रकाशित कर देने के लिए पत्र लिखा है। मैं डॉक्टर महोदय के प्रस्ताव को स्वीकार करता हुआ अपने अनुभव को सहर्ष प्रकाशित कर रहा हूँ क्योंकि वे पर्याप्त महत्त्व के हैं। मैंने जितने भी उपवास किये हैं, करीब-करीब वे सभी नैतिक दृष्टि से किये हैं, फिर भी भोजन के सम्बन्ध में एक अत्यन्त दृढ़ सुधारक होने के नाते और उन्हें कुछ असाध्य रोगों के निवारण में उपयोगी होने का निमित्त मानने के कारण स्वीकार कर लेना चाहिए कि इसके सम्बन्ध में मेरा अवलोकन एकदम निरंध्र नहीं है। इसका कारण सिर्फ यही है कि उन दोनों बातों को एकसाथ पूरा-पूरा देखना मेरे लिए असम्भव था। मैं उसके नैतिक बल के विचार में ही इतना व्यस्त था कि उसके शरीर-सम्बन्धी परिणामों पर ध्यान देना सम्भव नहीं था। इसलिए मैं अपने मन पर उसकी जो सामान्य छाप पड़ी है, केवल उसे ही दे पा रहा हूँ। उसके ठीक-ठीक परिणामों को जानने के लिए मैं पत्र-प्रेषक से कहना चाहता हूँ कि डॉ. अंसारी, डॉ. अब्दुर्रहमान से पूछताछ करें। उन्होंने गत वर्ष मेरे उपवास की सम्पूर्ण अवधि में मेरी पूरी सार-सँभाल रखी थी। उन्होंने बहुत परिश्रम से काम किया था। वे हर समय मेरे पास होते थे और उन्होंने दिलो-जान से मेरी सेवा-शुश्रुषा की थी।

सबसे पहले तो मैं, अपने दूसरे अधिक लम्बे समय के उपवास की समाप्ति पर होनेवाले कष्टों का उल्लेख कर देना चाहता हूँ। मैंने 1914 में दक्षिण अफ्रीका में

14 दिन का उपवास किया था। उपवास की समाप्ति के बाद दूसरे ही दिन से यह समझकर कि उसमें मेरी कुछ भी हानि न होगी, मैंने तेज रफ्तार से घूमना शुरू कर दिया। मैं इसी हालत में, दक्षिण अफ्रीका से इंग्लैंड गया। वहाँ मुझे डॉ. जीवराज मेहता ने देखा। उन्होंने मुझे सचेत करते हुए कहा कि यदि इसी प्रकार घूमना कायम रखा गया तो जिन्दगी-भर के लिए पंगु बन जाने का खतरा है। उन्होंने मुझे कम-से-कम 14 दिन लेटे रहने और आराम लेने की सलाह दी। लेकिन यह चेतावनी मुझे देर से मिली और मेरी तन्दुरुस्ती बिगड़ गई। इसके पहले मेरा स्वास्थ्य बड़ा अच्छा था। मैं 40 मील बिना थकावट महसूस किए पैदल चल लिया करता था। 20 मील चलना तो मेरे लिए कुछ बात ही नहीं थी। अपने अज्ञान के कारण मैंने जो बहुत ज्यादा परिश्रम किया, उसके कारण मेरी नसों में सख्त दर्द होने लगा। और मैंने अपने अच्छे भले स्वास्थ्य को सदा के लिए बिगाड़ लिया। मेरे जीवन में किसी भारी रोग से ग्रसित होने का यह पहला ही मौका था। इतना चल चुकने पर मुझे जो अनुभव हुआ, उससे मैंने यह सीखा है कि उपवास के दिनों में शरीर को सम्पूर्ण आराम देना चाहिए और उपवास के बाद भी, उपवास के दिनों के प्रमाण में, कुछ दिन आराम लेना अत्यन्त आवश्यक है। यदि इतने सादे से नियम का यथाविधि पालन किया जाए तो फिर उपवासजनित किसी दूसरे बुरे परिणाम की आशंका करने की कोई जरूरत नहीं रहती। निस्सन्देह मेरा यह विश्वास है कि सुव्यवस्थित ढंग से किया गया उपवास शरीर को लाभ पहुँचाता है। उपवास के दिनों में शरीर अनेक अशुद्धियों से मुक्त हो जाता है। गत वर्ष उपवास के दिनों में और इस उपवास के अवसर पर भी, शुरू के उपवासों के विपरीत, मैं नमक और सोडा डालकर पानी पी लेता था। कारण कुछ भी हो, उपवास के दिनों में पानी के प्रति मुझे अरुचि हो जाया करती है। नमक और सोडा मिला लेने पर ही मैं पानी पी सकता हूँ। मुझे यह अनुभव हुआ कि पर्याप्त से अधिक पानी पीते रहने से आमाशय स्वच्छ रहता है और मुँह नहीं सूखता। तीन छटाँक या पाव-भर पानी में पाँच ग्रेन नमक और उतना ही सोडा डाला जाता था और मैं 6-8 दफे में सवा सेर या डेढ़ सेर के करीब पानी पी लेता था। मैं नित्य बिना नागा 'एनिमा' भी लेता था। करीब पौन फीट पानी में लगभग 40 ग्रेन नमक और उतना ही सोडा घोल दिया जाता था। एनिमा में गुनगुना पानी ही काम में लाया जाता था। नित्य बिस्तर में ही गीले कपड़े से मेरा बदन पोंछ दिया जाता था। गत वर्ष के और इस वर्ष के उपवास के दिनों में भी मुझे रात्रि में अच्छी नींद आ जाती थी और मैं, दिन में भी आधा घंटा सो लेता था। पिछले उपवास के समय तो प्रति तीन दिन तक मैं

करीब-करीब सुबह चार बजे से लेकर रात के आठ बजे तक काम कर लेता था। जिस बात को लेकर उपवास करना पड़ा था, उस बात पर चर्चा भी मैंने जारी ही रखा था। चौथे दिन मेरे सिर में जोर का दर्द हुआ, काम करना असम्भव हो गया और उसी दिन दोपहर से मैंने सारे काम बन्द कर दिये। दूसरे ही दिन मुझे अच्छा मालूम होने लगा। थकावट दूर हो गई और सिर का दर्द भी करीब-करीब जाता रहा। छठे दिन और भी ताजगी मालूम होने लगी और सातवें दिन, जो मेरे मौन का दिन था, मैं ऐसा ज्यादा और शक्तिवान हो गया कि मैं उस दिन उपवास-सम्बन्धी अपना लेख भी लिख सका था और लिखते समय हाथ भी नहीं काँपा था।

मुझे यह याद नहीं है कि उपवास के दिनों में मुझे भूख की पीड़ा होती थी या नहीं। उपवास खोलने के समय तो मुझे कोई उतावली न थी। मुझे जिस समय उपवास खोलना चाहिए था, उनसे आधा घंटा विलम्ब करके ही मैंने उपवास खोला था। उपवास के दिनों में कताई में भी कोई कठिनाई मालूम नहीं होती थी। मैं तकिये के सहारे बैठकर रोजाना लगभग आधा घंटे से भी ज्यादा देर तक अपनी मामूली गति के साथ चरखा चला लेता था। रोज के तीनों समय की आश्रम-प्रार्थना में शरीक होना बन्द करने की जरूरत भी नहीं पड़ी थी। अन्तिम चार दिन तो मुझे चारपाई में लिटाकर प्रार्थना-स्थल में ले जाया गया था। चाहता तो मैं वहाँ बैठ भी सकता था, लेकिन मैंने उस समय अपनी शक्ति को बचाये रखना ही ठीक समझा। मुझे कुछ भी अधिक शारीरिक कष्ट भोगना पड़ा हो, सो याद नहीं है। हाँ, एक बात जरूर है, बीच-बीच में जी मिचलाता था। लेकिन पानी का घूँट लेने पर अक्सर आराम हो जाता था।

मैंने लगभग छह औंस संतरे और अंगूर का रस लेकर उपवास खोला था। एक नारंगी भी चूसी थी। दो घंटे बाद फिर मैंने यही किया। इस बार 10 अंगूर ज्यादा लेकर अंगूरों का रस धीरे-धीरे चूस लिया था, फिर कुछ घंटे बाद तीसरे पहर एनिमा लिया। तत्पश्चात् उस दिन मैंने पौन पाव बकरी का दूध, एक छटाँक पानी मिलाकर पिया और उसके बाद एक नारंगी और दस अंगूर खाये थे। दूसरे दिन दूध बढ़ाकर एक छटाँक कर दिया था। इस प्रकार डेढ़ सेर दूध तक रोजाना तीन-तीन छटाँक दूध बढ़ाता चला गया। पानी तो अब भी उसमें मिलाया जाता है लेकिन अब दूध की हर एक खुराक में केवल आधी छटाँक पानी ही मिलाया जाता है। कोई डेढ़ दिन तक मैंने खालिस दूध पीकर देखा था, लेकिन उससे कुछ भारीपन महसूस हुआ और खालिस दूध को ही इसका कारण समझकर फिर दूध में पानी मिलाना आरम्भ कर दिया है।

उपवास खोलने के बाद यह लिखते समय आज बारहवाँ दिन है। अब तक मैंने कोई भी ठोस खुराक नहीं ली है। अब भी फलों का कुछ हिस्सा तो मैं रस के रूप में ही लेता हूँ और पिछले तीन दिनों से मैंने अंगूर और सन्तरों के अलावा पपीता, ककड़ी या चीकू और अनार लेना भी शुरू कर दिया है। एक दिन में मैंने अब तक अधिक-से-अधिक दो सेर दूध के करीब लिया है। औसतन डेढ़ सेर दूध रोज पीता हूँ और कभी-कभी मैं उसके साथ थोड़ी-सी डबल रोटी या पतली-सी एक चपाती भी खा लेता हूँ। मैं महीनों तक दूध और फल खाकर रहा हूँ। उस हालत में भी अपने को हमेशा स्वस्थ पाया है।

मेरा वजन जेल से छूटने के बाद अधिक-से-अधिक 112 पौंड तक पहुँच गया था। इन सात दिनों के उपवास में कोई एक पौंड वजन कम हो गया था। मैंने खोया हुआ तमाम वजन फिर प्राप्त कर लिया है और अब मेरा वजन 103 पौंड से भी कुछ अधिक है। पिछले तीन दिनों से तो मैं सुबह-शाम नियमित रूप से व्यायाम भी कर लेता हूँ और उसमें मुझे कुछ भी थकावट नहीं मालूम होती है। समतल जमीन पर चलने में मुझे कोई कठिनाई नहीं होती। हाँ, सीढ़ियाँ चढ़ने या उतरने में कुछ श्रम अब भी मालूम होता है। दस्त भी नियमित रूप से साफ होता है और रात को नींद अच्छी तरह आती है।

मेरी राय में तो उन इक्कीस दिनों के या सात दिनों के इस उपवास के कारण मेरे शरीर को कुछ भी हानि नहीं पहुँची। इन सात दिनों में वजन का बहुत घट जाना कुछ चिन्ताजनक अवश्य था। लेकिन आरम्भ के साढ़े तीन दिनों में मैं थोड़ा और आराम कर लेने पर मैं अपनी पहले जैसी वही शक्ति, जो उपवास के आरम्भ में थी, फिर प्राप्त कर लूँगा, और शायद कच्छ में, मैंने जो शक्ति और वजन गँवाया था, वह भी बिना कठिनाई के प्राप्त कर सकूँगा।

जो लोग किसी भी कारणवश उपवास करना चाहें, उनके लिए मैं एक औसत दर्जे के आदमी की नजर से और केवल शरीर की दृष्टि से कुछ नियम नीचे दे रहा हूँ :

1. जब उपवास किया जाए तब उपवास के दौरान भोजन की बात नहीं सोचनी चाहिए।
2. ठंडा पानी, नमक और सोडा डालकर या बिना सोडे या नमक के ही जितना बने, उतना, मगर प्रति बार थोड़ा-थोड़ा पिया जाए। (पानी खौला कर ठंडा किया हुआ और छाना हुआ होना चाहिए।) नमक और सोडे से नहीं डरना चाहिए, क्योंकि पानी में स्वतंत्र रूप में ये चीजें रहती ही हैं।

3. रोजाना गरम पानी में निचोड़े हुए कपड़े से शरीर साफ करवा लेना चाहिए।
4. उपवास के दिनों में नियमित रूप से नित्य एनिमा लेना चाहिए। एनिमा लेने पर जितना मल निकलता है, उसे देखकर आश्चर्य होगा।
5. यथासम्भव खुली हवा में सोया जाए।
6. सुबह धूप में बैठें। धूप और हवा में बैठना भी उतना ही शुद्धिकारक है जितना कि स्नान करना।
7. उपवास को छोड़कर अन्य किसी भी बात के बारे में विचार किया जा सकता है।
8. किसी भी उद्देश्य से उपवास क्यों न किया गया हो, उन अमूल्य दिनों में, अपने सिरजनहार का, उसके साथ के अपने सम्बन्ध का और उसकी अन्य सृष्टि का विचार करना चाहिए। इससे ऐसी-ऐसी बातें मालूम होंगी जिसका पहले खयाल तक न हुआ होगा।

डॉक्टर मित्रों से क्षमा माँगते हुए, लेकिन अपने अनुभवों तथा अपने-जैसे दूसरे सनकी लोगों के अनुभवों का पूरा खयाल करके मैं बिना किसी संकोच के यह कहूँगा कि यदि निम्नलिखित शिकायतें हों तो उपवास अवश्य ही किया जाए :

1. कब्जियत, 2. शरीर में रक्त की कमी, 3. बुखार की हरारत मालूम होना, 4. बदहजमी, 5. सिर में दर्द, 6. गठिया, 7. जोड़ों में दर्द, 8. बेचैनी और चिढ़, 9. उदासी, 10. अतिशय आनद का अनुभव।

यदि इन रोगों के होने पर उपवास किया गया तो डॉक्टर बुलाने की या पेटेंट दवाइयाँ खाने की कोई जरूरत न होगी।

साफ-सफाई

कुछ विदेशी लेखकों ने जाँच-पड़ताल करके बतलाया है कि व्यक्तिगत सफाई के पालन में, भूमंडल के सब देशों में हिन्दुस्तान का नम्बर शायद सबसे पहला है। मगर यही बात हमारी सामूहिक या दूसरे शब्दों में, गाँवों की स्वच्छता के बारे में नहीं कही जा सकती है। दूसरे शब्दों में कहा जाए तो मैं कहूँगा कि इस दिशा में हम पारिवारिक हित से ज्यादा आगे नहीं बढ़े हैं। परिवार के लिए तो हम बड़ी-से-बड़ी चीज का भी बलिदान कर देंगे, लेकिन गाँव के लिए, यानी एक अर्थ में राष्ट्र के लिए वैसा ही करने के लिए तत्परता नहीं दिखाएँगे।

लोग अपने खुद के घर को साफ-सुथरा रखेंगे, लेकिन पड़ोसी के घर की सफाई में कोई दिलचस्पी नहीं लेंगे। वे अपने घर के आँगन को कूड़ा-कर्कट,

कीड़े-मकोड़ों और जीव-जन्तुओं से बचाएँगे, किन्तु इन सबको पड़ोसी के आँगन में फेंक देने में उन्हें संकोच नहीं होगा। सामूहिक जिम्मेदारी के इस अभाव का नतीजा यह हुआ है कि हमारे गाँव कूड़े के ढेर बन गए हैं। हालाँकि हमारे देश में मुख्यत: नंगे पाँव चलने का रिवाज है, फिर भी हमारे बाजार और हमारी सड़कें इतनी गंदी रहती हैं कि किसी भी समझदार व्यक्ति को उन पर नंगे पाँव चलते हुए दु:ख हुए बिना नहीं रहेगा। गाँव के कुओं, तालाबों और नदियों से साफ और पीने लायक पानी मिलना भी कठिन है। आपको किसी भी साधारण गाँव में प्रवेश करते हुए मार्ग कचरे तथा गोबर से भरे मिलेंगे।

गाँवों की सफाई का कार्य ही शायद अ.भा ग्रामोद्योग संघ के सामने सबसे कठिन कार्य है। आम जनता का हार्दिक सहयोग प्राप्त किये बिना कोई भी सरकार जनता की आदतों को नहीं सुधार सकती। लेकिन अगर जनता का सहयोग प्राप्त हो जाता है, तो फिर सरकार के करने के लिए बहुत थोड़ा कार्य बचा रहता है।

अगर पढ़े-लिखे लोग—वैद्य, डॉक्टर और विद्यार्थी—लगन के साथ, बुद्धि तथा सतर्कतापूर्वक और नियमित रूप से गाँवों में कार्य करने लग जाएँ तो वे इस समस्या को सफलतापूर्वक हल कर सकते हैं। शिक्षा की शुरुआत से ही व्यक्तिगत और सामूहिक स्वास्थ्य-रक्षा का खयाल रखना है।

गाँवों में जहाँ-जहाँ कूड़ा-कर्कट तथा गोबर के ढेर हों, वहाँ-वहाँ से उनको हटाया जाए और कुओं और तालाबों की सफाई की जाए। अगर कार्यकर्ता वेतन पानेवाले भंगियों की भाँति खुद रोजमर्रा सफाई का कार्य करना शुरू कर दें और साथ ही गाँववालों को यह भी बतलाते रहें कि उनसे सफाई के कार्य में शरीक होने की आशा रखी जाती है, ताकि आगे चलकर अन्त में सारा काम गाँववाले स्वयं करने लग जाएँ, तो यह निश्चय है कि आगे-पीछे गाँववाले सहयोग अवश्य देने लगेंगे। दक्षिण अफ्रीका, चंपारण और यहाँ तक कि उड़ीसा के पिछले वर्ष में जल्दी में किये गए पैदल-भ्रमण में मुझे ऐसा ही अनुभव हुआ है।

बाजार तथा गलियों को, सब प्रकार का कूड़ा-कर्कट हटाकर, स्वच्छ कर डालना चाहिए। उसमें से कुछ कचरे को गाड़कर खाद बनाया जा सकता है। जो इस दृष्टि से अनुपयोगी हो, उसे जमीन में बस गाड़ देना-भर होगा, और कचरे का कुछ हिस्सा ऐसा होगा जो सीधा सम्पत्ति के रूप में परिणत किया जा सकेगा। वहाँ मिली हुई प्रत्येक हड्डी एक बहुमूल्य कच्चा माल होगी जिससे बहुत-सी उपयोगी चीजें बनाई जा सकेंगी या जिसे पीसकर कीमती खाद बनाया जा सकेगा। कपड़े के फटे-पुराने चीथड़ों तथा रद्दी कागजों से कागज बनाए जा सकते हैं और इकट्ठा

किया हुआ मल-मूत्र खेतों के लिए स्वर्णमय खाद का काम देगा। मल-मूत्र को उपयोगी बनाने के लिए यह करना चाहिए कि उसके साथ—चाहे वह सूखा हो, चाहे तरल—मिट्टी मिलाकर उसे ज्यादा-से-ज्यादा एक फुट गहरा गड्ढा खोदकर जमीन में गाड़ दिया जाए। गाँवों की स्वास्थ्य-रक्षा पर लिखी हुई अपनी पुस्तक में डॉ. पूरे कहते हैं कि जमीन में मल-मूत्र को नौ या बारह इंच से अधिक गहरा नहीं गाड़ना चाहिए। (मैं यह बात केवल स्मृति के आधार पर लिख रहा हूँ।) उनकी मान्यता है कि जमीन की ऊपरी सतह सूक्ष्म जीवों से परिपूर्ण होती है और हवा एवं रोशनी की सहायता से—जोकि आसानी से वहाँ तक पहुँच जाती है—ये जीव मल-मूत्र को एक हफ्ते के अन्दर-अन्दर एक अच्छी, मुलायम और सुगन्धित मिट्टी में बदल देते हैं। कोई भी ग्रामवासी स्वयं इस बात की सचाई का पता लगा सकता है। यह कार्य दो प्रकार से किया जा सकता है : या तो पाखाना बनाकर उनमें शौच जाने के लिए मिट्टी तथा लोहे की बाल्टियाँ रख दी जाएँ और फिर प्रतिदिन उन बाल्टियों को पहले से तैयार की हुई जमीन में खाली करके ऊपर से मिट्टी डाल दी जाए, या फिर जमीन में चौरस गड्ढा खोदकर सीधा उसी में मल-मूत्र का त्याग करके ऊपर से मिट्टी डाल दी जाए। यह मल-मूत्र देहात के सामूहिक या व्यक्तिगत खेतों में गाड़ा जा सकता है, लेकिन यह सम्भव तभी है जब गाँववाले सहयोग दें। कोई भी उद्योगी ग्रामवासी कम-से-कम इतना काम तो खुद भी कर सकता है कि मल-मूत्र को एकत्र करके उससे अपने लिए कीमती खाद बना ले। आजकल तो लाखों रुपयों की कीमत का यह सारा खाद व्यर्थ जाता है, और हवा को गंदा करता तथा बीमारियाँ फैलाता रहता है।

गाँवों के तालाबों का उपयोग सारे स्त्री-पुरुष स्नान करने, कपड़े धोने, पानी पीने तथा भोजन बनाने के कामों में करते हैं। बहुत से गाँवों के तालाबों का उपयोग पशुओं के नहलाने-धुलाने के काम में भी किया जाता है। बहुधा उनमें भैंसें बैठी हुई पाई जाती हैं। आश्चर्य तो यह है कि तालाबों का इतना जबर्दस्त दुरुपयोग होते रहने पर भी महामारियों से गाँवों का नाश अब तक क्यों नहीं हुआ! यह सभी डॉक्टर मानते हैं कि गाँववालों की बहुत-सी बीमारियों का कारण पानी की सफाई के सम्बन्ध में उनकी उपेक्षा-वृत्ति ही है।

इस प्रकार का सेवा-कार्य शिक्षाप्रद होने के साथ-साथ बहुत सुखकर भी है, और इसमें भारतवर्ष के पीड़ित जन-समाज का ऐसा कल्याण निहित है जिसे कहकर नहीं बताया जा सकता। मुझे आशा है कि इस समस्या को सुलझाने के तरीके का मैंने ऊपर जो वर्णन किया है, उससे तो साफ हो गया होगा कि अगर ऐसे उत्साही

कार्यकर्ता मिल जाएँ तो झाड़ू और फावड़े को भी उसी तरह आराम और गर्व के साथ हाथ में ले लें जिस तरह कलम और पेंसिल को लेते हैं, तो इस कार्य में खर्च का सवाल ही नहीं उठता। अगर किसी खर्च की जरूरत पड़ेगी भी तो वह केवल झाड़ू, फावड़ा, टोकरी, कुदाल और शायद कुछ कीटाणुनाशक दवाइयाँ खरीदने तक ही सीमित रहेगी। सूखी राख सम्भवत: उतनी ही अच्छी कीटाणुनाशक दवा है जैसीकि कोई रसायनशास्त्री सुझा सकता है। लेकिन उदार रसायनशास्त्री हमको यह बतलाने की कृपा करें कि गाँव के लिए सबसे सस्ती और कारगर कीटाणुनाशक ऐसी कौन-सी चीज है जिसे गाँववाले स्वयं अपने गाँवों में बना सकते हैं?

परिशिष्ट (ख)

गांधी-विषयक कुछ चर्चित कविताएँ

गांधी के चित्र को देखकर

❑ केदारनाथ अग्रवाल

दुख से दूर पहुँचकर गांधी
सुख से मौन खड़े हो
मरते-खपते इनसानों के
इस भारत में तुम्हीं बड़े हो।

जीकर जीवन को अब जीना
नहीं सुलभ है हमको
मरकर जीवन को फिर जीना
सहज सुलभ है तुझको।

[रचनाकाल : 30 जनवरी, 1968]

तुम कागज पर लिखते हो

❑ भवानीप्रसाद मिश्र

तुम कागज पर लिखते हो
वह सड़क झाड़ता है
तुम व्यापारी
वह धरती में बीज गाड़ता है।
एक आदमी घड़ी बनाता
एक बनाता चप्पल
इसीलिए यह बड़ा और वह छोटा
इसमें क्या बल!

सूत कातते थे गांधी जी
कपड़ा बुनते थे,
और कपास जुलाहों के जैसा ही
धुनते थे
चुनते थे अनाज के कंकर
चक्की पीसते थे
आश्रम के अनाज याने

आश्रम में पिसते थे
जिल्द बाँध लेना पुस्तक की
उनको आता था
भंगी-काम सफाई से
नित करना भाता था।
ऐसे थे गांधी जी
ऐसा था उनका आश्रम
गांधी जी के लेखे
पूजा के समान था श्रम।

एक बार उत्साह-ग्रस्त
कोई वकील साहब
जब पहुँचे मिलने
बापूजी पीस रहे थे तब।
बापूजी ने कहा—बैठिए
पीसने मिलकर
जब वे झिझके
गांधी जी ने कहा
और खिलकर—
सेवा का हर काम
हमारा ईश्वर है भाई
बैठ गये वे दबसट में
पर अक्ल नहीं आई।

बापू

❑ रामधारी सिंह दिनकर

जो कुछ था देय, दिया तुमने, सब लेकर भी
हम हाथ पसारे हुए खड़े हैं आशा में,
लेकिन, छींटों के आगे जीभ नहीं खुलती,
बेबसी बोलती है आँसू की भाषा में।

वसुधा को सागर से निकाल बाहर लाये,
किरणों का बन्धन काट उन्हें उन्मुक्त किया,
आँसुओं-पसीनों से न आग जब बुझ पाई,
बापू! तुमने आखिर को अपना रक्त दिया।

बापू

❑ सुमित्रानंदन पंत

चरमोन्नत जग में जब कि आज विज्ञान ज्ञान,
बहुभौतिक साधन, यंत्र यान, वैभव महान,
सेवक हैं विद्युत वाष्प शक्ति: धन बल नितांत,
फिर क्यों जग में उत्पीड़न? जीवन यों अशान्त?

मानव ने पाई देश काल पर जय निश्चय,
मानव के पास नहीं मानव का आज हृदय।
चर्वित उसका विज्ञान ज्ञान वह नहीं पचित,
भौतिक मद से मानव आत्मा हो गई विजित।
है श्लाघ्य मनुज का भौतिक संचय का प्रयास,
मानवी भावना का क्या पर उसमें विकास
चाहिए विश्व को आज भाव का नवोन्मेष,
मानव उर में फिर मानवता का हो प्रवेश!

बापू! तुम पर हैं आज लगे जग के लोचन,
तुम खोल नहीं जाओगे मानव के बन्धन?

[रचनाकाल : दिसम्बर, 1939]

बापू के प्रति

❑ सुमित्रानंदन पंत

तुम मांसहीन, तुम रक्तहीन,
हे अस्थि-शेष! तुम अस्थिहीन,
तुम शुद्ध-बुद्ध आत्मा केवल,
हे चिर पुराण, हे चिर नवीन!
तुम पूर्ण इकाई जीवन की,
जिसमें असार भवशून्य लीन,
आधार अमर, होगी जिस पर
भावी की संस्कृति समासीन।
तुम मांस, तुम्हीं हो रक्त-अस्थि,
निर्मित जिनसे नवयुग का तन,
तुम धन्य। तुम्हारा निःस्व-त्याग
हे विश्व-भोग का वर साधन।
इस भस्म-काम तन की रज से
जग पूर्ण-काम नव जग-जीवन
बीनेगा सत्य-अहिंसा के
ताने-बानों से मानवपन।
सदियों का दैन्य-तमिस्र तूम,

धुन तुमने कात प्रकाश-सूत,
हे नग्न, नग्न-पशुता ढँक दी
बुन नव संस्कृत मनुजत्व पूत।
जग पीड़ित छूतों से प्रभूत,
छू अमित स्पर्श से, हे अछूत।
तुमने पावन कर, मुक्त किएं
मृत संस्कृतियों के विकृत भूत।
सुख-भोग खोजने आते सब,
आए तुम करने सत्य खोज,
जग की मिट्टी के पुतले जन,
तुम आत्मा के, मन के मनोज।
जड़ता, हिंसा, स्पर्धा में भर
चेतना, अहिंसा, नम्र-ओज,
पशुता का पंकज बना दिया
तुमने मानवता का सरोज!
पशु-बल की कारा से जग को
दिखलाई आत्मा की विमुक्ति,
विद्वेष, घृणा से लड़ने को
सिखलाई दुर्जय प्रेम-युक्ति,
वर श्रम-प्रसूति से की कृतार्थ
तुमने विचार-परिणीत उक्ति,
विश्वानुरक्त हे अनासक्त।
सर्वस्व-त्याग को बना भुक्ति।
सहयोग सिखा शासित-जन को
शासन का दुर्वह हरा भार,
होकर निरस्त्र, सत्याग्रह से
रोका मिथ्या का बल-प्रहार
बहु भेद-विग्रहों में खोई
ली जीर्ण जाति क्षय से उबार,
तुमने प्रकाश को कह प्रकाश,
औ' अन्धकार को अन्धकार।

उर के चरखे में कात सूक्ष्म
युग-युग का विषय-जनित विषाद,
गुंजित कर दिया गगन जग का
भर तुमने आत्मा का निनाद।
रंग-रंग खद्दर के सूत्रों में
नवजीवन-आशा, स्पृह्यालाद,
मानवी-कला के सूत्रधार।
हर लिया यंत्र-कौशल-प्रवाद।
जड़वाद जर्जरित जग में तुम
अवतरित हुए आत्मा महान,
यंत्राभिभूत जग में करने
मानव-जीवन का परित्राण;
बहु छाया-बिम्बों में खोया
पाने व्यक्तित्व प्रकाशवान,
फिर रक्त-मांस प्रतिमाओं में
फूँकने सत्य से अमर प्राण!
संसार छोड़ कर ग्रहण किया
नर-जीवन का परमार्थ-सार,
अपवाद बने, मानवता के
ध्रुव नियमों का करने प्रचार;
हो सार्वजनिकता जयी, अजित!
तुमने निजत्व निज दिया हार,
लौकिकता को जीवित रखने
तुम हुए अलौकिक, हे उदार।
मंगल-शशि-लोलुप मानव थे
विस्मित ब्रह्मांड-परिधि विलोक,
तुम केन्द्र खोजने आए तब
सब में व्यापक, गत राग-शोक,
पशु-पक्षी-पुष्पों से प्रेरित
उद्दाम-काम जन-क्रान्ति रोक,
जीवन-इच्छा को आत्मा के

वश में रख, शासित किये लोक।
था व्याप्त दिशावधि-ध्वान्त भ्रान्त
इतिहास विश्व-उद्भव प्रमाण,
बहु-हेतु, बुद्धि, जड़ वस्तु-वाद
मानव-संस्कृति के बने प्राण,
थे राष्ट्र, अर्थ, जन, साम्य-वाद
छल सभ्य-जगत के शिष्ट-मान,
भू पर रहते थे मनुज नहीं,
बहु रूढ़ि-रीति प्रेत-समान-
तुम विश्व मंच पर हुए उदित
बन जग-जीवन के सूत्रधार,
पट पर पट उठा दिये मन से
कर नव चरित्र का नवोद्धार,
आत्मा को विषयाधार बना,
दिशि-पल के दृश्यों को सँवार,
गा-गा-एकोहं बहु स्याम,
हर लिये भेद, भव-भीति-भार।
एकता इष्ट निर्देश किया,
जग खोज रहा था जब समता,
अन्तर-शासन चिर राम-राज्य,
औ' बाह्य, आत्महन-अक्षमता,
हों कर्म-निरत जन, राग-विरत,
रति-बिरति-व्यतिक्रम भ्रम-ममता,
प्रतिक्रिया-क्रिया साधन-अवयव,
है सत्य सिद्ध, गति-यति-क्षमता।
ये राज्य, प्रजा, जन, साम्य-तंत्र
शासन-चालन के कृतक यान,
मानस, मानुषी, विकास-शास्त्र
है तुलनात्मक, सापेक्ष ज्ञान;
भौतिक विज्ञानों की प्रसूति
जीवन-उपकरण-चयन-प्रधान,

मथ सूक्ष्म-स्थूल जग, बोले तुम-—
मानव मानवता का विधान।
साम्राज्यवाद था कंस, बन्दिनी
मानवता पशु-बलाक्रान्त,
शृंखला दासता, प्रहरी बहु
निर्मम शासन-पद शक्ति-भ्रान्त,
कारा-गृह में दे दिव्य जन्म
मानव-आत्मा को मुक्त, कान्त,
जन-शोषण की बढ़ती यमुना
तुमने की नत-पद-प्रणत, शान्त!
कारा थी संस्कृति विगत, भित्ति
बहु धर्म-जातिगत रूप-नाम,
बन्दी जग-जीवन, भू-विभक्त,
विमान-मूढ़ जन प्रकृति-काम,
आए तुम मुक्त पुरुष, कहने—
मिथ्या जड़-बन्धन, सत्य राम,
नानृतं ज्रयति सत्यं, मा मैं :
जय जान-ज्योति, तुमको प्रणाम

[रचनाकाल : अप्रैल, 1636]

तीस जनवरी उन्नीस सौ अड़तालीस, दिल्ली

गांधी की ढूँढ़ में जाओ
जरा आगे
समय गोली की तरह बढ़ता है
सीने की तरफ

गोलियों से जरा आगे नफरत है
पैनी चमकती खुली हुई
तमाशाई पागलपन है
गांधी कैसे बचेंगे

वैसे बचना ही कब चाहा उन्होंने

उस अकेले की कितनी बार हत्या हुई
हत्यारे खून करते
और हाथ धोकर देते अहिंसा पर भाषण
कई बार तो रामधुन गाते हुए
उन्होंने उस फकीर को मारा

हत्यारे हर बार दुविधा में रहे कि
उस निहत्थे को मार क्यों रहे हैं!

हत्यारे को खोजना नहीं पड़ता
इतिहास में
या भविष्य में नहीं करना होता
उनका इन्तजार

वे आज भी तैयार हैं कि
दिख भर जाए गांधी...।

[हेमंत कुकरेती के पाँचवें कविता-संग्रह 'धूप के बीज' में संकलित]